쓰면 외워지는
중국어
필기노트

일상회화

쓰면 외워지는
중국어 필기노트: 일상회화

지은이 **김미선**
펴낸이 **안용백**
펴낸곳 **(주)넥서스**

초판 1쇄 발행 2015년 10월 20일
초판 2쇄 발행 2015년 10월 25일

출판신고 1992년 4월 3일 제311-2002-2호
04044 서울시 마포구 양화로 8길 24
Tel (02)330-5500 Fax (02)330-5555
ISBN 979-11-5752-549-2 13720

www.nexusbook.com
넥서스CHINESE는 (주)넥서스의 중국어 전문 브랜드입니다.

쓰면 외워지는
중국어
필기노트

일상회화

김마선 지음

일단 보고

세번 쓰고
말해봐!

你的爱好是什么？

넥서스CHINESE

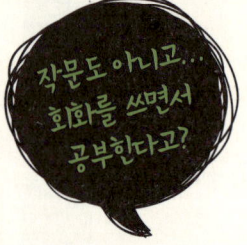

작문도 아니고…
회화를 쓰면서
공부한다고?

직접 말을 해 봐야 외국어 회화 실력이 는다는 것은 너무나 자명한 사실입니다. 하지만 눈으로 보고 입으로 따라 말하기를 반복하더라도, 공부한 문장이 잘 생각나지 않는 경우가 많습니다. 현실에서는 외국인과 직접 말해 볼 수 있는 기회가 흔치 않으니 금세 잊어버리게 됩니다.

"어떻게 하면 공부한 문장을 오래 기억할 수 있을까?"

이 책은 이런 현실적인 고민에서 출발했습니다.

눈으로 보고,
입으로 말하고,
손으로 쓰고

고민의 답은 아이들이 처음 문자를 배우는 모습을 보면서 찾을 수 있었습니다. 아이들이 처음 '한글'을 배울 때 'ㄱ'이란 글자를 눈으로 보고, '기역'이라고 입으로 소리 내어 말을 하지요? 그리고 거기서 그치지 않고 노트에 연필로 'ㄱ'을 씁니다. 언어를 제대로 익힐 때는 이렇게 '쓰기' 과정을 꼭 거치게 됩니다. 언어를 제 것으로 만들려면 눈으로 읽고 입으로 말하는 것뿐만 아니라 '손으로 쓰는' 과정이 필요한 것입니다.

그러나 중국어는 쓰기까지 완벽하게 되기엔 어려움이 많습니다. 그래서 초보자들은 먼저 병음을 익히고, 소리에 익숙해지다 보면 글자는 서서히 알아가게 됩니다. 그래서 수준에 따라 병음을 쓰면서도 중국어와 익숙해질 수 있도록 했습니다.

손으로 쓰면서 공부하면 입으로만 외우는 것보다 훨씬 기억에 오래 남습니다. 손을 사용했을 때 우리의 뇌는 입력된 정보를 더 오래 기억하기 때문입니다. 익히고자 하는 문장을 손으로 쓰고 소리 내어 말해 보면 그 문장이 머릿속에 각인되어 온전히 내 것이 됩니다. 특히 문장을 통암기할 때 '쓰면서 외우는' 학습법은 더 효과적입니다.

'쓰기'가 분명 암기에 도움이 되지만, 무작정 여러 번 쓴다고 해서 그 문장을 외울 수 있는 것은 아닙니다. '듣기', '쓰기', '말하기'의 세 박자가 잘 맞아야 합니다. 꼭 책에서 제시하는 3단계 학습법을 따라 해 주세요. 그냥 쓰기만 해서는 '손 고생'밖에 안 된답니다. 간단하고 쉬워 보여도 어떻게 하느냐에 따라 그 결과는 달라질 것입니다. 제대로 학습한다면 하루 한 시간씩 9일 후에는 일상회화 216문장을 통암기할 수 있게 됩니다.

이 책은 눈으로 보기만 하는 중국어 책이 아니라 여러분이 직접 쓰면서 만들어가는 책입니다.
세상에서 하나뿐인 나만의 중국어 학습 노트를 만들어 보세요.

加油!

MP3 100% 활용법

듣기 귀찮으니 그냥 책만 보신다고요? 哎呀, 不要!
외국어 학습에서 음원 듣기는 필수(!)입니다. 책만 보고 무작정 쓰는 노가다는 이제 그만!
그래서 이 책은 '일단 듣기'와 '회화 연습' 두 가지 버전의 MP3 파일을 제공합니다.

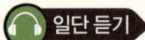 **일단 듣기**

우리말과 중국어 문장이 녹음되어 있습니다.
말 그대로 일단 먼저 들어 보세요. 책을 보지 않고 듣기만 해도 공부가 됩니다.

✓**check point!**

☐ 원어민 발음을 확인한다.
☐ '이런 말을 중국어로는 이렇게 하는구나' 이해한다.
☐ 반복해서 듣는다.

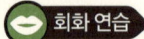 **회화 연습**

우리말 해석을 듣고 각자 중국어로 말해 보세요.
잠시 후에 나오는 원어민 음성을 들으면서 중국어 표현을 확인합니다.

✓**check point!**

☐ 제대로 외웠는지 확인한다.
☐ 원어민 발음에 가깝게 말하도록 반복 훈련한다.
☐ 우리말을 듣고 바로 중국어 표현이 생각나지 않는다면 다시 복습한다.

🖱 MP3 무료로 다운받기

1 **www.nexusbook.com**에서
도서명으로 검색하여 다운받으세요.

2 스마트폰에서 바로 듣기!
스마트폰으로 책 속의 **QR코드**를
찍어 보세요.

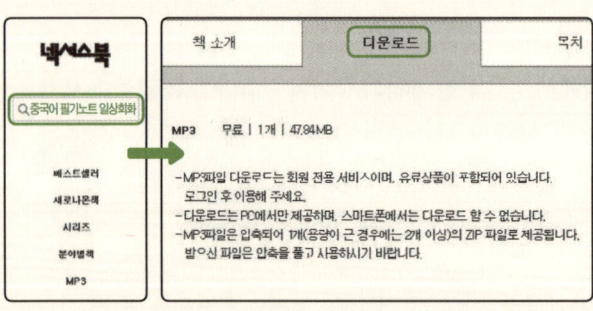

이 책을 미리 써본
체험단의 학습 후기

 고등학교에서 중국어를 배워서 기초는 안다고 생각을 했는데, 막상 필요한 때는 입이 안 떨어지고 영어 단어가 생각이 나네요.^^ 물론 영어도 잘 못하지만. 여러 분야로 분류가 되어 있어서 먼저 필요한 문장부터 공부할 수 있어서 좋아요. 올 여름 중국 여행에 많은 도움이 됐어요. 씨에씨에! ★ 이슬기 (대학생)

눈으로 보는 공부에 익숙했는데, 외울 문장을 먼저 듣고 나서, 쓰면서 외우니 훨씬 실감이 나요. 이거 끝내고 기초회화도 해볼 생각이에요. ★ 김현정 (대학생)

 기초회화로 자신감을 얻었고, 조금 더 욕심을 내보았습니다. 문장 길이가 좀더 길어졌지만 확실히 손을 움직여서 그런지 외우기가 수월합니다. 외국어는 통문장으로 반복해서 외우는 것이 가장 확실합니다. ★ 이규호 (무역회사 새내기)

아이에게 시켜 봤는데, 아직은 글자를 쓴다기보다 그리는 수준이지만 하루 한 장씩 쓰게 했더니 이제는 혼자서도 잘해요. ★ 이해연 (주부)

 서점 언니 추천으로 한번 해 보게 되었는데, 재미있어요. 중국어가 막 느는 것 같아요. 뒤늦게 공부의 재미를 느껴요. ★ 박소연 (헤어 디자이너)

매장에서는 거의 똑같은 몇 개의 문장과 단어만 쓰니까 중국어를 잘하는 것 같지만 실제 수준은 창피해요. 그래서 시작을 해 봤는데, 기대 이상의 효과예요. 일단 잡념이 안 생기고 집중이 돼요. 뭔가 힐링도 되는 느낌이고요. 쓰기 노트 정말 좋아요. ★ 박진희 (매장관리)

일하러 가세
시간, 교통

일단 듣기

회화 듣기

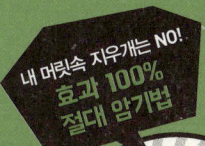
내 머릿속 지우개는 NO!
효과 100%
절대 암기법

일단 듣기 → 쓰면서 자동 암기 → 회화 연습

당신은 보통 어떻게 출근합니까?

你一般怎么去上班?

Nǐ yìbān zěnme qù shàngbān?

*怎么는 수단, 방법 등을 묻는 것입니다.

001

나는 매일 지하철을 타고 출근합니다.

我每天坐地铁上班。

Wǒ měitiān zuò dìtiě shàngbān.

002

지하철역은 어디 있습니까?

地铁站在哪儿?

Dìtiě zhàn zài nǎr?

003

회사는 우리 집에서 가깝습니다.

公司离我家很近。

Gōngsī lí wǒ jiā hěn jìn.

*전치사 离는 간격, 거리를 나타낼 때 쓰입니다.

004

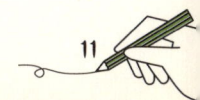

회화 연습

🎧 MP3 001-024

일단 듣고
3번 쓰고
말해봐

STEP 2 병음 2번, 중국어 3번 쓰기　　　STEP 3 말하기

✎ Nǐ yìbān zěnme qù shàngbān?

✎ 你一般怎么去上班？

✎ Wǒ měitiān zuò dìtiě shàngbān.

✎ 我每天坐地铁上班。

✎ Dìtiě zhàn zài nǎr?

✎ 地铁站在哪儿？

✎ Gōngsī lí wǒ jiā hěn jìn.

✎ 公司离我家很近。

11

지하철을 타고 얼마나 걸립니까?

坐地铁要多长时间?

Zuò dìtiě yào duō cháng shíjiān?

005

*여기서 要는 '들다, 걸리다'의 뜻입니다.

두 시간쯤 걸립니다.

要两个小时左右。

Yào liǎng ge xiǎoshí zuǒyòu.

006

*左右는 '가량, 쯤'의 뜻입니다.

나는 아무래도 비행기를 타는 게 나을 것 같습니다.

我还是想坐飞机。

Wǒ háishi xiǎng zuò fēijī.

007

*还是는 '아무래도 ~하는 편이 낫다'의 의미로 쓰였습니다.

버스를 타고 20분이면 도착합니다.

坐公交车二十分钟就到。

Zuò gōngjiāochē èrshí fēnzhōng jiù dào.

008

*버스 公共汽车(gōnggòngqìchē)를 줄여서 公交车라고도 부릅니다.

STEP 2 병음 2번, 중국어 3번 쓰기 〉 STEP 3 말하기

Zuò dìtiě yào duō cháng shíjiān?

坐地铁要多长时间？

Yào liǎng ge xiǎoshí zuǒyòu.

要两个小时左右。

Wǒ háishi xiǎng zuò fēijī.

我还是想坐飞机。

Zuò gōngjiāochē èrshí fēnzhōng jiù dào.

坐公交车二十分钟就到。

13

제가 늦었습니다.
我来不及了。
Wǒ láibují le.

009

＊来不及 는 '(시간이 부족하여) 따라잡지 못하다' 라는 의미입니다.

말씀 좀 묻겠는데요, 시내로 가려면 몇 번 버스를 타야 합니까?
请问, 去市中心坐几路车?
Qǐngwèn, qù shì zhōngxīn zuò jǐ lù chē?

010

＊중국에서 버스 번호는 号 (hào)라고 하지 않고 路 (lù)라고 합니다.

어디에서 타셨습니까?
您是在哪儿上的?
Nín shì zài nǎr shàng de?

011

종점에서 내리십시오.
您在终点站下车。
Nín zài zhōngdiǎnzhàn xiàchē.

012

STEP 2 병음 2번, 중국어 3번 쓰기	STEP 3 말하기

🖎 Wǒ láibují le.

🖎 我来不及了。

🖎 Qǐngwèn, qù shì zhōngxīn zuò jǐ lù chē?

🖎 请问，去市中心坐几路车？

🖎 Nín shì zài nǎr shàng de?

🖎 您是在哪儿上的？

🖎 Nín zài zhōngdiǎnzhàn xiàchē.

🖎 您在终点站下车。

카드가 없으신 손님은 표를 구입해 주세요.

没卡的乘客请买票。

Méi kǎ de chéngkè qǐng mǎi piào.

013

＊卡는 'card'를 음역한 것입니다.

어디에서 택시를 탈 수 있습니까?

在哪儿可以坐出租车?

Zài nǎr kěyǐ zuò chūzūchē?

014

＊出租汽车(chūzūqìchē)를 줄여서 出租车라고도 합니다.

기사님, 좀 빨리 가실 수 있나요?

师傅，您可以快一点儿吗?

Shīfu, nín kěyǐ kuài yìdiǎnr ma?

015

＊司机(sījī)라는 단어도 있으나 일반적으로는 师傅를 많이 사용합니다.

여기에 세워 주세요.

请在这儿停车。

Qǐng zài zhèr tíng chē.

016

✎ Méi kǎ de chéngkè qǐng mǎi piào.

✎ 没卡的乘客请买票。

✎ Zài nǎr kěyǐ zuò chūzūchē?

✎ 在哪儿可以坐出租车？

✎ Shīfu, nín kěyǐ kuài yìdiǎnr ma?

✎ 师傅，您可以快一点儿吗？

✎ Qǐng zài zhèr tíng chē.

✎ 请在这儿停车。

차를 운전해서 출근하는 게 더 편리하지 않습니까?

你开车上班不是更方便吗?

Nǐ kāichē shàngbān bú shì gèng fāngbiàn ma?

017

＊'不是~吗?'는 반어문으로 실제로는 긍정의 의미를 가집니다.

아침에는 자주 차가 막힙니다.

早上经常堵车。

Zǎoshang jīngcháng dǔchē.

018

＊经常은 常常과 같은 의미입니다.

우리 저쪽 큰길에 가서 택시를 잡읍시다!

我们到那边大路去打车吧!

Wǒmen dào nàbiān dàlù qù dǎ chē ba!

019

＊打车는 坐出租汽车와 같은 표현입니다.

저기서 우회전해 주세요.

请在那里右转。

Qǐng zài nàli yòu zhuǎn.

020

✎ Nǐ kāichē shàngbān bú shì gèng fāngbiàn ma?

✎ 你开车上班不是更方便吗？

✎ Zǎoshang jīngcháng dǔchē.

✎ 早上经常堵车。

✎ Wǒmen dào nàbiān dàlù qù dǎ chē ba!

✎ 我们到那边大路去打车吧！

✎ Qǐng zài nàli yòu zhuǎn.

✎ 请在那里右转。

사거리에서 좌회전하시면 바로 거깁니다.

到十字路口往左拐就是。

Dào shízìlùkǒu wǎng zuǒ guǎi jiù shì.

021

＊往은 전치사로 '~쪽으로, ~을 향해'의 의미를 갖습니다.

쭉 앞으로 걸어가세요.

一直往前走。

Yìzhí wǎng qián zǒu.

022

길을 건너가세요.

过马路吧。

Guò mǎlù ba.

023

＊중국에서 보통 도로는 '路' 한 글자만 쓰기보다는 '马路'라고 합니다

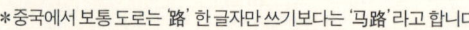

앞에서 유턴해 주세요.

请在前边掉头。

Qǐng zài qiánbiān diàotóu.

024

> **STEP 2** 병음 2번, 중국어 3번 쓰기 　　　　　> **STEP 3** 말하기

✎ Dào shízìlùkǒu wǎng zuǒ guǎi jiù shì.

✎ 到十字路口往左拐就是

✎ Yìzhí wǎng qián zǒu.

✎ 一直往前走。

✎ Guò mǎlù ba.

✎ 过马路吧。

✎ Qǐng zài qiánbiān diàotóu.

✎ 请在前边掉头。

이 말, 중국어로는 뭐라고 할까요? 다시 한 번 쓰면서 말해 보세요.

당신은 보통 어떻게 출근합니까? Nǐ yìbān zěnme qù shàngbān?

✎

나는 매일 지하철을 타고 출근합니다. Wǒ měitiān zuò dìtiě shàngbān.

✎

지하철역은 어디 있습니까? Dìtiě zhàn zài nǎr?

✎

회사는 우리 집에서 가깝습니다. Gōngsī lí wǒ jiā hěn jìn.

✎

지하철을 타고 얼마나 걸립니까? Zuò dìtiě yào duō cháng shíjiān?

✎

두 시간쯤 걸립니다. Yào liǎng ge xiǎoshí zuǒyòu.

✎

나는 아무래도 비행기를 타는 게 나을 것 같습니다. Wǒ háishi xiǎng zuò fēijī.

✎

버스를 타고 20분이면 도착합니다. Zuò gōngjiāochē èrshí fēnzhōng jiù dào.

✎

22

제가 늦었습니다. Wǒ láibují le.

말씀 좀 묻겠는데요, 시내로 가려면 몇 번 버스를 타야 합니까? Qǐngwèn, qù shì zhōngxīn zuò jǐ lù chē?

어디에서 타셨습니까? Nín shì zài nǎr shàng de?

종점에서 내리십시오. Nín zài zhōngdiǎnzhàn xiàchē.

카드가 없으신 손님은 표를 구입해 주세요. Méi kǎ de chéngkè qǐng mǎi piào.

어디에서 택시를 탈 수 있습니까? Zài nǎr kěyǐ zuò chūzūchē?

기사님, 좀 빨리 가실 수 있나요? Shīfu, nín kěyǐ kuài yìdiǎnr ma?

여기에 세워 주세요. Qǐng zài zhèr tíng chē.

차를 운전해서 출근하는 게 더 편리하지 않습니까? Nǐ kāichē shàngbān bú shì gèng fāngbiàn ma?

아침에는 자주 차가 막힙니다. Zǎoshang jīngcháng dǔchē.

우리 저쪽 큰길에 가서 택시를 잡읍시다! Wǒmen dào nàbiān dàlù qù dǎ chē ba!

저기서 우회전해 주세요. Qǐng zài nàli yòu zhuǎn.

사거리에서 좌회전하시면 바로 거깁니다. Dào shízìlùkǒu wǎng zuǒ guǎi jiù shì.

쭉 앞으로 걸어가세요. Yìzhí wǎng qián zǒu.

길을 건너가세요. Guò mǎlù ba.

앞에서 유턴해 주세요. Qǐng zài qiánbiān diàotóu.

여보세요
전화

일단 듣기   회화 듣기

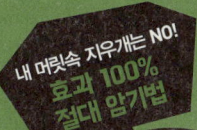

일단 듣기 ➞ 쓰면서 자동 암기 ➞ 회화 연습

일상회화　　　　　　　　　　**STEP 1 일단 듣기**

여보세요, 쑨 리 있습니까?
喂, 孙丽在吗?
Wéi, Sūn Lì zài ma?

🎧 **025**

＊喂는 전화를 받을 때 사용하는 표현으로, 원래 성조는 4성이나 요즘은 2성으로 발음하는 추세입니다.

누굴 찾으십니까?
您找谁?
Nín zhǎo shéi?

🎧 **026**

그녀는 없습니다, 나갔습니다.
她不在, 出去了。
Tā bú zài, chūqu le .

🎧 **027**

이 사장이 전화했었다고 그에게 메시지 남겨 주십시오.
请转告他李总打过电话了。
Qǐng zhuǎngào tā Lǐ zǒng dǎguo diànhuà le.

🎧 **028**

> **STEP 2** 병음 2번, 중국어 3번 쓰기

> **STEP 3** 말하기

✎ Wéi, Sūn Lì zài ma?

✎ 喂，孙丽在吗？

✎ Nín zhǎo shéi?

✎ 您找谁？

✎ Tā bú zài, chūqu le.

✎ 她不在，出去了。

✎ Qǐng zhuǎngào tā Lǐ zǒng dǎguo diànhuà le.

✎ 请转告他李总打过电话了。

엄마가 어째서 전화를 안 받으시지요?

妈妈怎么不接电话呢?

Māma zěnme bù jiē diànhuà ne?

029

십 분 후에 다시 걸겠습니다.

十分钟后再给您打。

Shí fēnzhōng hòu zài gěi nín dǎ.

030

그녀는 핸드폰을 안 가지고 갔습니다.

她没带手机去。

Tā méi dài shǒujī qù.

031

그녀와 연락이 안 됩니다.

我跟她联系不上。

Wǒ gēn tā liánxi bu shàng.

＊동사 **联系** 뒤의 **不上**은 가능보어로 쓰였습니다.

032

STEP 2 병음 2번, 중국어 3번 쓰기   STEP 3 말하기

✎ Māma zěnme bù jiē diànhuà ne?

✎ 妈妈怎么不接电话呢?

✎ Shí fēnzhōng hòu zài gěi nín dǎ.

✎ 十分钟后再给您打。

✎ Tā méi dài shǒujī qù

✎ 她没带手机去。

✎ Wǒ gēn tā liánxi bu shàng.

✎ 我跟她联系不上。

세 번 쓰면 자동 암기

계속 통화 중입니다.

一直占线。

Yìzhí zhànxiàn.

033

전화가 불통입니다.

电话打不通。

Diànhuà dǎ bu tōng.

034

원하시면 메모를 남겨 드릴까요?

要不要我帮您留言?

Yào bu yào wǒ bāng nín liúyán?

035

* '要不要' 의문문은 상대방의 의중을 묻는 표현입니다.

나중에 제가 다시 걸겠습니다.

以后我再打。

Yǐhòu wǒ zài dǎ.

036

STEP 2 병음 2번, 중국어 3번 쓰기   STEP 3 말하기

✎ Yìzhí zhànxiàn.

✎ 一直占线。

✎ Diànhuà dǎ bu tōng.

✎ 电话打不通。

✎ Yào bu yào wǒ bāng nín liúyán?

✎ 要不要我帮您留言?

✎ Yǐhòu wǒ zài dǎ.

✎ 以后我再打。

당신 류 군이랑 통화했습니까?

你和小刘通话了吗?

Nǐ hé xiǎo Liú tōnghuà le ma?

🎧 **037**

*성이나 이름 앞에 小를 붙여서 자신보다 어린 사람에 대해 친근함을 나타낼 수 있습니다.

가능한 한 신속히 전화드리겠습니다.

我尽快给您打电话。

Wǒ jǐnkuài gěi nín dǎ diànhuà.

🎧 **038**

제가 전화를 잘못 걸었습니다.

我打错电话了。

Wǒ dǎcuò diànhuà le.

🎧 **039**

*打错의 错는 결과보어로 쓰였습니다.

전화번호를 다시 확인해 보십시오.

请再确认一下电话号码。

Qǐng zài quèrèn yíxià diànhuà hàomǎ.

🎧 **040**

> **STEP 2** 병음 2번, 중국어 3번 쓰기

> **STEP 3** 말하기

✎ Nǐ hé xiǎo Liú tōnghuà le ma?

✎ 你和小刘通话了吗？

✎ Wǒ jǐnkuài gěi nín dǎ diànhuà.

✎ 我尽快给您打电话。

✎ Wǒ dǎcuò diànhuà le.

✎ 我打错电话了。

✎ Qǐng zài quèrèn yíxià diànhuà hàomǎ.

✎ 请再确认一下电话号码。

전화번호를 잘못 알고 계신 것 같습니다.

您好像记错号码了。

Nín hǎoxiàng jìcuò hàomǎ le.

041

*好像은 부사로 '마치 ~과 같다'의 의미입니다.

전화를 끊어야겠습니다.

我得挂电话了。

Wǒ děi guà diànhuà le.

042

*得는 '~해야 한다'의 의미를 지닌 조동사입니다.

저에게 문자 메시지를 주십시오.

请给我发短信。

Qǐng gěi wǒ fā duǎnxìn.

043

전화를 받는 사람이 없습니다.

没人接。

Méi rén jiē.

044

✎ Nín hǎoxiàng jìcuò hàomǎ le.

✎ 您好像记错号码了。

✎ Wǒ děi guà diànhuà le.

✎ 我得挂电话了。

✎ Qǐng gěi wǒ fā duǎnxìn.

✎ 请给我发短信。

✎ Méi rén jiē.

✎ 没人接。

일상회화

당신은 누구십니까? / 전화 거신 분이 누구시죠?

您是哪位?

Nín shì nǎ wèi?

045

* '你是谁?'보다 더 격식을 차린 표현입니다.

그에게 급한 일이라고 전해 주십시오.

请转告他我有急事。

Qǐng zhuǎngào tā wǒ yǒu jíshì.

046

전화가 끊겼습니다.

电话断了。

Diànhuà duàn le.

047

당신의 목소리가 잘 안 들립니다.

你的声音听不清楚。

Nǐ de shēngyīn tīng bu qīngchu.

048

STEP 2 병음 2번, 중국어 3번 쓰기　　　　　STEP 3 말하기

✎ Nín shì nǎ wèi?

✎ 您是哪位?

✎ Qǐng zhuǎngào tā wǒ yǒu jíshì.

✎ 请转告他我有急事。

✎ Diànhuà duàn le.

✎ 电话断了。

✎ Nǐ de shēngyīn tīng bu qīngchu.

✎ 你的声音听不清楚。

이 말, 중국어로는 뭐라고 할까요? 다시 한 번 쓰면서 말해 보세요.

여보세요, 쑨리 있습니까? Wéi, Sūn Lì zài ma?

✎

누굴 찾으십니까? Nín zhǎo shéi?

✎

그녀는 없습니다, 나갔습니다. Tā bú zài, chūqu le.

✎

이 사장이 전화했었다고 그에게 메시지 남겨 주십시오. Qǐng zhuǎngào tā Lǐ zǒng
dǎguo diànhuà le.

✎

엄마가 어째서 전화를 안 받으시지요? Māma zěnme bù jiē diànhuà ne?

✎

십 분 후에 다시 걸겠습니다. Shí fēnzhōng hòu zài gěi nín dǎ.

✎

그녀는 핸드폰을 안 가지고 갔습니다. Tā méi dài shǒujī qù.

✎

그녀와 연락이 안 됩니다. Wǒ gēn tā liánxi bu shàng.

✎

계속 통화 중입니다. Yìzhí zhànxiàn.

🖉

전화가 불통입니다. Diànhuà dǎ bu tōng.

🖉

원하시면 메모를 남겨 드릴까요? Yào bu yào wǒ bāng nín liúyán?

🖉

나중에 제가 다시 걸겠습니다. Yǐhòu wǒ zài dǎ.

🖉

당신 류 군이랑 통화했습니까? Nǐ hé xiǎo Liú tōnghuà le ma?

🖉

가능한 한 신속히 전화드리겠습니다. Wǒ jǐnkuài gěi nín dǎ diànhuà.

🖉

제가 잘못 걸었습니다. Wǒ dǎcuò diànhuà le.

🖉

전화번호를 다시 확인해 보십시오. Qǐng zài quèrèn yíxià diànhuà hàomǎ.

🖉

전화번호를 잘못 알고 계신 것 같습니다. Nín hǎoxiàng jìcuò hàomǎ le.

✎

전화를 끊어야겠습니다. Wǒ děi guà diànhuà le.

✎

저에게 문자 메시지를 주십시오. Qǐng gěi wǒ fā duǎnxìn.

✎

전화를 받는 사람이 없습니다. Méi rén jiē.

✎

당신은 누구십니까? / 전화 거신 분이 누구시죠? Nín shì nǎ wèi?

✎

급한 일이라고 전해 주십시오. Qǐng zhuǎngào tā wǒ yǒu jíshì.

✎

전화가 끊겼습니다. Diànhuà duàn le.

✎

당신의 목소리기 잘 안 들립니다. Nǐ de shēngyīn tīng bu qīngchu.

✎

회화 전체
들어보기
🎧 MP3 025-048

회화 전체
말해보기
🎧 MP3 025-048

40

가장 즐거운 한때
식사, 계산

 일단 듣기
 회화 듣기

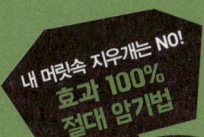
내 머릿속 지우개는 NO!
효과 100%
절대 암기법

일단 듣기 ➡ 쓰면서 자동 암기 ➡ 회화연습

일상회화　　　　　　　　　　　　　　　**STEP 1 일단 듣기**

오늘은 제가 사겠습니다.
今天我请客。
Jīntiān wǒ qǐngkè.

049

듣자 하니 사천 요리는 맵다던데요.
听说川菜很辣啊。
Tīngshuō Chuāncài hěn là a.

*听说는 자신이 들은 것을 전할 때 사용하는 표현입니다.

050

음식 좀 빨리 갖다 주세요.
请快点上菜。
Qǐng kuài diǎn shàng cài.

051

두 명 앉을 자리가 있습니까?
有两个人的位子吗?
Yǒu liǎng ge rén de wèizi ma?

052

✎ Jīntiān wǒ qǐngkè.

✎ 今天我请客。

✎ Tīngshuō Chuāncài hěn là a.

✎ 听说川菜很辣啊。

✎ Qǐng kuài diǎn shàng cài.

✎ 请快点上菜。

✎ Yǒu liǎng ge rén de wèizi ma?

✎ 有两个人的位子吗？

43

전화로 시켜 먹읍시다.

打电话叫外卖吃吧。

Dǎ diànhuà jiào wàimài chī ba.

053

＊중국어로 배달 음식을 外卖라고 합니다.

맛이 정말 괜찮은데요!

味道真是不错！

Wèidao zhēnshi búcuò!

054

＊不错는 '괜찮다, 좋다'의 의미입니다.

영어 메뉴판이 있습니까?

有英文菜单吗？

Yǒu Yīngwén càidān ma?

055

당신이 먹는 걸로 저도 먹겠습니다.

你吃什么，我就吃什么。

Nǐ chī shénme, wǒ jiù chī shénme.

056

> **STEP 2** 병음 2번, 중국어 3번 쓰기　　　**STEP 3** 말하기

✎ Dǎ diànhuà jiào wàimài chī ba.

✎ 打电话叫外卖吃吧。

✎ Wèidao zhēnshi búcuò!

✎ 味道真是不错！

✎ Yǒu Yīngwén càidān ma?

✎ 有英文菜单吗？

✎ Nǐ chī shénme, wǒ jiù chī shénme.

✎ 你吃什么，我就吃什么。

45

세 번 쓰면
자동 암기

일상회화

우리 마시면서 이야기하는 게 어떨까요?
咱们边喝边聊，怎么样?
Zánmen biān hē biān liáo, zěnmeyàng?

057

* '边＋동작＋边＋동작'은 두 가지 동작을 동시에 할 때 사용하는 표현입니다.

다음 번엔 제가 한 끼 대접하겠습니다.
下次我请你吃顿饭。
Xiàcì wǒ qǐng nǐ chī dùn fàn.

058

* 여기서 顿은 끼니를 세는 양사입니다.

뭘로 주문하시겠습니까?
你们要点什么?
Nǐmen yào diǎn shénme?

059

예약하셨습니까?
您预订了吗?
Nín yùdìng le ma?

060

Zánmen biān hē biān liáo, zěnmeyàng?

咱们边喝边聊，怎么样？

Xiàcì wǒ qǐng nǐ chī dùn fàn.

下次我请你吃顿饭。

Nǐmen yào diǎn shénme?

你们要点什么？

Nín yùdìng le ma?

您预订了吗？

포장해 주십시오.

请给我打包。

Qǐng gěi wǒ dǎbāo.

061

*打包는 음식을 싸 갈 때 쓸 수 있는 표현입니다.

식사는 무엇으로 하시겠습니까?

主食要什么?

Zhǔshí yào shénme?

062

밥 두 공기 주십시오.

来两碗米饭。

Lái liǎng wǎn mǐfàn.

063

*碗은 공기, 사발을 세는 양사입니다.

곧 갖다 드리겠습니다.

马上就来。

Mǎshàng jiù lái.

064

✎ Qǐng gěi wǒ dǎbāo.

_____

✎ 请给我打包。

_____

_____

✎ Zhǔshí yào shénme?

_____

✎ 主食要什么？

_____

_____

✎ Lái liǎng wǎn mǐfàn.

_____

✎ 来两碗米饭。

_____

_____

✎ Mǎshàng jiù lái.

_____

✎ 马上就来。

_____

_____

얼마나 기다려야 합니까?

要等多长时间?

Yào děng duō cháng shíjiān?

065

여기요, 계산요.

服务员，买单。

Fúwùyuán, mǎidān.

066

*买单 대신 埋单(máidān)을 쓰는 경우도 있습니다. 结账(jiézhàng)도 같은 표현입니다.

나는 이미 배가 부릅니다.

我已经饱了。

Wǒ yǐjīng bǎo le.

067

이거 리필해 주십시오.

这个再加点。

Zhège zài jiā diǎn.

068

가장 즐거운 한때
식사, 계산

STEP 2 병음 2번, 중국어 3번 쓰기　　　　　STEP 3 말하기

✎ Yào děng duō cháng shíjiān?

✎ 要等多长时间？

✎ Fúwùyuán, mǎidān.

✎ 服务员，买单。

✎ Wǒ yǐjīng bǎo le.

✎ 我已经饱了。

✎ Zhège zài jiā diǎn.

✎ 这个再加点。

51

디저트는 무엇이 있습니까?

餐后甜点有什么?

Cānhòu tiándiǎn yǒu shénme?

069

＊甜点은 단맛이 나는 빵, 케이크, 과자류의 디저트를 말합니다.

여기를 좀 치워 주십시오.

请把这儿收拾一下。

Qǐng bǎ zhèr shōushi yíxià.

070

일인당 얼마씩 내야 합니까?

每个人要交多少钱?

Měi ge rén yào jiāo duōshao qián?

071

각자 계산합시다.

AA制吧。

AA zhì ba.

072

＊AA制는 더치페이라는 뜻입니다.

✎ Cānhòu tiándiǎn yǒu shénme?

_____

✎ 餐后甜点有什么？

_____

✎ Qǐng bǎ zhèr shōushi yíxià.

_____

✎ 请把这儿收拾一下。

_____

✎ Měi ge rén yào jiāo duōshao qián?

_____

✎ 每个人要交多少钱？

_____

✎ AA zhì ba.

_____

✎ AA制吧。

_____

이 말, 중국어로는 뭐라고 할까요? 다시 한 번 쓰면서 말해 보세요.

오늘은 제가 사겠습니다. Jīntiān wǒ qǐngkè.

✎

듣자 하니 사천 요리는 맵다던데요. Tīngshuō Chuāncài hěn là a.

✎

음식 좀 빨리 갖다 주세요. Qǐng kuài diǎn shàng cài.

✎

두 명 앉을 자리가 있습니까? Yǒu liǎng ge rén de wèizi ma?

✎

전화로 시켜 먹읍시다. Dǎ diànhuà jiào wàimài chī ba.

✎

맛이 정말 괜찮은데요! Wèidao zhēnshi búcuò!

✎

영어 메뉴판이 있습니까? Yǒu Yīngwén càidān ma?

✎

당신이 먹는 걸로 저도 먹겠습니다. Nǐ chī shénme, wǒ jiù chī shénme.

✎

우리 마시면서 이야기하는 게 어떨까요? Zánmen biān hē biān liáo, zěnmeyàng?

다음 번엔 제가 한 끼 대접하겠습니다. Xiàcì wǒ qǐng nǐ chī dùn fàn.

뭘로 주문하시겠습니까? Nǐmen yào diǎn shénme?

예약하셨습니까? Nín yùdìng le ma?

포장해 주십시오. Qǐng gěi wǒ dǎbāo.

식사는 무엇으로 하시겠습니까? Zhǔshí yào shénme?

밥 두 공기 주십시오. Lái liǎng wǎn mǐfàn.

곧 갖다 드리겠습니다. Mǎshàng jiù lái.

얼마나 기다려야 합니까? Yào děng duō cháng shíjiān?

🖉

여기요, 계산요. Fúwùyuán, mǎidān.

🖉

나는 이미 배가 부릅니다. Wǒ yǐjīng bǎo le.

🖉

이거 리필해 주십시오. Zhège zài jiā diǎn.

🖉

디저트는 무엇이 있습니까? Cānhòu tiándiǎn yǒu shénme?

🖉

여기를 좀 치워 주세요. Qǐng bǎ zhèr shōushi yíxià.

🖉

일인당 얼마씩 내야 합니까? Měi ge rén yào jiāo duōshao qián?

🖉

각자 계산합시다. AA zhì ba.

🖉

회화 전체
들어보기
🎧 MP3 049-072

회화 전체
말해보기
🎧 MP3 049-072

56

만사가 귀찮아
건강, 병원

일단 듣기

회화 듣기

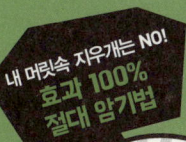

일단 듣기 ➡ 쓰면서 자동 암기 ➡ 회화연습

건강, 병원

일상회화

> **STEP 1** 일단 듣기

어디가 불편하십니까?

您哪儿不舒服?

Nín nǎr bù shūfu?

073

나는 두통이 있고 열도 납니다.

我头疼, 还发烧。

Wǒ tóuténg, hái fāshāo.

074

체온 좀 재어 봅시다.

量一下体温吧。

Liáng yíxià tǐwēn ba.

*량이 '측정하다'란 동사일 때는 2성으로 발음합니다.

075

언제부터 아프셨습니까?

从什么时候开始疼的?

Cóng shénme shíhou kāishǐ téng de?

076

알단 듣고
3번 쓰고
말해봐

STEP 2 병음 2번, 중국어 3번 쓰기

STEP 3 말하기

✎ Nín nǎr bù shūfu?

✎ 您哪儿不舒服？

✎ Wǒ tóuténg, hái fāshāo.

✎ 我头疼，还发烧。

✎ Liáng yíxià tǐwēn ba.

✎ 量一下体温吧。

✎ Cóng shénme shíhou kāishǐ téng de?

✎ 从什么时候开始疼的？

감기에 걸리셨군요.

你得了感冒。

Nǐ dé le gǎnmào.

077

*感冒가 명사로 '감기'일 때는 동사 得가 필요합니다.

배만 아프십니까?

只是肚子疼吗?

Zhǐshì dùzi téng ma?

078

주사를 맞을 필요는 없습니까?

不用打针吗?

Bú yòng dǎzhēn ma?

079

의사 선생님, 입원을 해야 됩니까?

大夫，我需要住院吗?

Dàifu, wǒ xūyào zhùyuàn ma?

080

*의사를 나타내는 표현으로는 医生(yīshēng)도 있습니다.

STEP 2 병음 2번, 중국어 3번 쓰기　　STEP 3 말하기

✎ Nǐ dé le gǎnmào.

✎ 你得了感冒。

✎ Zhǐshì dùzi téng ma?

✎ 只是肚子疼吗?

✎ Bú yòng dǎzhēn ma?

✎ 不用打针吗?

✎ Dàifu, wǒ xūyào zhùyuàn ma?

✎ 大夫, 我需要住院吗?

세 번 쓰면 자동 암기

다른 증상이 있습니까?
有别的症状吗?
Yǒu biéde zhèngzhuàng ma?

081

시간에 맞춰 약을 드세요.
你按时吃药吧。
Nǐ ànshí chī yào ba.

082

*吃药 대신 服药 [fúyào]를 쓸 수도 있습니다.

나는 하루 세 번 약을 먹습니다.
我一天吃三次药。
Wǒ yì tiān chī sān cì yào.

083

식후 30분에 복용하십시오.
请饭后三十分钟服用。
Qǐng fàn hòu sānshí fēnzhōng fúyòng.

084

✎ Yǒu biéde zhèngzhuàng ma?

✎ 有别的症状吗?

✎ Nǐ ànshí chī yào ba.

✎ 你按时吃药吧。

✎ Wǒ yì tiān chī sān cì yào.

✎ 我一天吃三次药。

✎ Qǐng fàn hòu sānshí fēnzhōng fúyòng.

✎ 请饭后三十分钟服用。

배탈이 났습니다.

拉肚子了。

Lā dùzi le.

*'拉肚子'는 闹肚子 (nàodùzi)라고도 합니다.

085

응급실은 어디에 있습니까?

急诊室在哪儿?

Jízhěnshì zài nǎr?

086

그녀의 병실은 몇 호실입니까?

她住几号病房?

Tā zhù jǐ hào bìngfáng?

087

언제 퇴원하십니까?

你什么时候出院?

Nǐ shénme shíhou chūyuàn?

088

STEP 2 병음 2번, 중국어 3번 쓰기 　　　　　　 STEP 3 말하기

✎ Lā dùzi le.

✎ 拉肚子了。

✎ Jízhěnshì zài nǎr?

✎ 急诊室在哪儿?

✎ Tā zhù jǐ hào bìngfáng?

✎ 她住几号病房?

✎ Nǐ shénme shíhou chūyuàn?

✎ 你什么时候出院?

대략 언제쯤 결과를 알 수 있습니까?

大概什么时候能知道结果?

089

Dàgài shénme shíhou néng zhīdao jiéguǒ?

차도가 없으면 다시 오십시오.

不见好的话，请再来。

090

Bú jiànhǎo de huà, qǐng zài lái.

＊'~的话'는 가정문을 나타내는 조사입니다.

병문안 왔습니다.

我来探病。

091

Wǒ lái tànbìng.

제가 약을 좀 처방해 드리겠습니다.

我给你开点儿药。

092

Wǒ gěi nǐ kāi diǎnr yào.

✎ Dàgài shénme shíhou néng zhīdao jiéguǒ?

✎ 大概什么时候能知道结果？

✎ Bú jiànhǎo de huà, qǐng zài lái.

✎ 不见好的话，请再来。

✎ Wǒ lái tànbìng.

✎ 我来探病。

✎ Wǒ gěi nǐ kāi diǎnr yào.

✎ 我给你开点儿药。

좀 쉬시면 좋아질 겁니다.

休息一下就好了。

Xiūxi yíxià jiù hǎo le.

093

＊就는 조건을 나타냅니다.

당신의 얼굴색이 별로 안 좋습니다.

你的脸色不太好。

Nǐ de liǎnsè bú tài hǎo.

094

많이 좋아졌습니다.

好多了。

Hǎo duō le.

095

빠른 시일 내에 완쾌하시길 빕니다!

祝你早日康复！

Zhù nǐ zǎorì kāngfù!

096

✎ Xiūxi yíxià jiù hǎo le.

✎ 休息一下就好了。

✎ Nǐ de liǎnsè bú tài hǎo.

✎ 你的脸色不太好。

✎ Hǎo duō le.

✎ 好多了。

✎ Zhù nǐ zǎorì kāngfù!

✎ 祝你早日康复！

이 말, 중국어로는 뭐라고 할까요? 다시 한 번 쓰면서 말해 보세요.

어디가 불편하십니까? Nín nǎr bù shūfu?

✎

나는 두통이 있고 열도 납니다. Wǒ tóuténg, hái fāshāo.

✎

체온 좀 재어 봅시다. Liáng yíxià tǐwēn ba.

✎

언제부터 아프셨습니까? Cóng shénme shíhou kāishǐ téng de?

✎

감기에 걸리셨군요. Nǐ dé le gǎnmào.

✎

배만 아프십니까? Zhǐshì dùzi téng ma?

✎

주사를 맞을 필요는 없습니까? Bú yòng dǎzhēn ma?

✎

의사 선생님, 입원을 해야 됩니까? Dàifu, wǒ xūyào zhùyuàn ma?

✎

다른 증상이 있습니까? Yǒu biéde zhèngzhuàng ma?

✎

시간에 맞춰 약을 드세요. Nǐ ànshí chī yào ba.

✎

나는 하루 세번 약을 먹습니다. Wǒ yì tiān chī sān cì yào.

✎

식후 30분 후에 복용하십시오. Qǐng fàn hòu sānshí fēnzhōng fúyòng.

✎

배탈이 났습니다. Lā dùzi le.

✎

응급실은 어디에 있습니까? Jízhěnshì zài nǎr?

✎

그녀의 병실은 몇 호실입니까? Tā zhù jǐ hào bìngfáng?

✎

언제 퇴원하십니까? Nǐ shénme shíhou chūyuàn?

✎

대략 언제쯤 결과를 알 수 있습니까? Dàgài shénme shíhou néng zhīdao jiéguǒ?

✎ _____

차도가 없으면 다시 오십시오. Bú jiànhǎo de huà, qǐng zài lái.

✎ _____

병문안 왔습니다. Wǒ lái tànbìng.

✎ _____

제가 약을 좀 처방해 드리겠습니다. Wǒ gěi nǐ kāi diǎnr yào.

✎ _____

좀 쉬시면 좋아질 겁니다. Xiūxi yíxià jiù hǎo le.

✎ _____

당신의 얼굴색이 별로 안 좋습니다. Nǐ de liǎnsè bú tài hǎo.

✎ _____

많이 좋아졌습니다. Hǎo duō le.

✎ _____

빠른 시일 내에 완쾌하시길 빕니다! Zhù nǐ zǎorì kāngfù!

✎ _____

회화 전체
들어보기
🎧 MP3 073-096

회화 전체
말해보기
🎧 MP3 073-096

72

함께하면 기쁨 두 배
취미, 운동

 일단 듣기

 회화 듣기

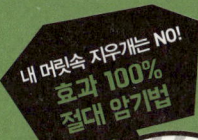

내 머릿속 지우개는 **NO!**
효과 100%
절대 암기법

 →  →

일단 듣기 → 쓰면서 자동 암기 → 회화 연습

함께하면 기쁨 두 배
취미, 운동

일단 듣기

🎧 MP3 097-120

일상회화　　　　　　　　　　　**STEP 1 일단 듣기**

당신의 취미는 무엇입니까?
你的爱好是什么?
Nǐ de àihào shì shénme?

097

＊爱好에서 好는 4성으로 발음합니다.

경기 보러 가시겠어요?
想去看比赛吗?
Xiǎng qù kàn bǐsài ma?

098

파이팅!
加油!
Jiāyóu!

099

어느 팀이 이길 것 같습니까?
哪个队能赢?
Nǎge duì néng yíng?

100

＊赢의 반대말은 输〔shū〕(지다)입니다.

74

> **STEP 2** 병음 2번, 중국어 3번 쓰기　　　　　> **STEP 3** 말하기

✎ Nǐ de àihào shì shénme?

_____

✎ 你的爱好是什么?

_____

~~~~~~~~~~~~~~~~~~~~~~~

✎ Xiǎng qù kàn bǐsài ma?

_____

✎ 想去看比赛吗?

_____

~~~~~~~~~~~~~~~~~~~~~~~

✎ Jiāyóu!

_____

✎ 加油!

_____

~~~~~~~~~~~~~~~~~~~~~~~

✎ Nǎge duì néng yíng?

_____

✎ 哪个队能赢?

_____

~~~~~~~~~~~~~~~~~~~~~~~

75

이 영화 봤습니까?

看过这部电影吗?

Kànguo zhè bù diànyǐng ma?

101

*部는 영화를 세는 양사입니다.

제가 표를 예매하겠습니다.

我订票吧。

Wǒ dìng piào ba.

102

어떤 좌석이 있습니까?

都有什么座位?

Dōu yǒu shénme zuòwèi?

103

매우 인상적이었습니다.

印象非常深刻。

Yìnxiàng fēicháng shēnkè.

104

> **STEP 2** 병음 2번, 중국어 3번 쓰기　　　　　**STEP 3** 말하기

✎ Kànguo zhè bù diànyǐng ma?

✎ 看过这部电影吗?

☑○○

✎ Wǒ dìng piào ba.

✎ 我订票吧。

○○○

✎ Dōu yǒu shénme zuòwèi?

✎ 都有什么座位?

○○○

✎ Yìnxiàng fēicháng shēnkè.

✎ 印象非常深刻。

○○○

표를 보여 주시기 바랍니다.

请出示您的票。

Qǐng chūshì nín de piào.

105

화장실 좀 다녀오겠습니다.

我去一下洗手间。

Wǒ qù yíxià xǐshǒujiān.

106

그는 요즘 인기 최고입니다.

他最近最火。

Tā zuìjìn zuì huǒ.

107

*형용사 火에는 '번창하다, 인기 있다'의 뜻이 있습니다.

주연 배우가 누구입니까?

主角是谁?

Zhǔjué shì shéi?

108

✎ Qǐng chūshì nín de piào.

✎ 请出示您的票。

✎ Wǒ qù yíxià xǐshǒujiān.

✎ 我去一下洗手间。

✎ Tā zuìjìn zuì huǒ.

✎ 他最近最火。

✎ Zhǔjué shì shéi?

✎ 主角是谁?

저는 한국 드라마 팬입니다.

我是个韩剧迷。

Wǒ shì ge Hánjù mí.

109

*명사迷에는 '팬, 마니아'의 뜻이 있습니다.

감동적이었습니다.

很感人。

Hěn gǎnrén.

110

재미없고 지루했습니다.

没意思，很无聊。

Méi yìsi, hěn wúliáo.

111

미술관에 자주 가십니까?

您经常去美术馆吗?

Nín jīngcháng qù měishùguǎn ma?

112

Wǒ shì ge Hánjù mí.

我是个韩剧迷。

Hěn gǎnrén.

很感人。

Méi yìsi, hěn wúliáo.

没意思，很无聊。

Nín jīngcháng qù měishùguǎn ma?

您经常去美术馆吗？

81

이것은 누구의 작품입니까?

这是谁的作品?

Zhè shì shéi de zuòpǐn?

113

골인!

进球了!

Jìn qiú le!

114

일본 팀이 졌습니다.

日本队输了。

Rìběn duì shū le.

115

3 대 3으로 비겼습니다.

3比3平了。

Sān bǐ sān píng le.

116

＊명사 比는 '(경기에서의) 대'를 의미합니다.

✎ Zhè shì shéi de zuòpǐn?

✎ 这是谁的作品?

✎ Jìn qiú le!

✎ 进球了!

✎ Rìběn duì shū le.

✎ 日本队输了。

✎ Sān bǐ sān píng le.

✎ 3比3平了。

정말 흥미진진한 경기였습니다.
比赛太精彩了。
Bǐsài tài jīngcǎi le.

117

골프 치는 거 좋아하십니까?
你喜欢打高尔夫球吗?
Nǐ xǐhuan dǎ gāo'ěrfūqiú ma?

118

* '(구기 종목을) 하다'라고 할 때 打를 씁니다.

우리랑 한 게임 하시겠습니까?
你们想跟我们打一场吗?
Nǐmen xiǎng gēn wǒmen dǎ yì chǎng ma?

119

* 场은 게임, 경기 등을 세는 양사입니다.

오늘은 여기까지 합시다.
今天就到这儿。
Jīntiān jiù dào zhèr.

120

✎ Bǐsài tài jīngcǎi le.

✎ 比赛太精彩了。

✎ Nǐ xǐhuan dǎ gāo'ěrfūqiú ma?

✎ 你喜欢打高尔夫球吗?

✎ Nǐmen xiǎng gēn wǒmen dǎ yì chǎng ma?

✎ 你们想跟我们打一场吗?

✎ Jīntiān jiù dào zhèr.

✎ 今天就到这儿。

이 말, 중국어로는 뭐라고 할까요? 다시 한 번 쓰면서 말해 보세요.

당신의 취미는 무엇입니까? Nǐ de àihào shì shénme?

✎

경기 보러 가시겠어요? Xiǎng qù kàn bǐsài ma?

✎

파이팅! Jiāyóu!

✎

어느 팀이 이길 것 같습니까? Nǎge duì néng yíng?

✎

이 영화 봤습니까? Kànguo zhè bù diànyǐng ma?

✎

제가 표를 예매하겠습니다. Wǒ dìng piào ba.

✎

어떤 좌석이 있습니까? Dōu yǒu shénme zuòwèi?

✎

매우 인상적이었습니다. Yìnxiàng fēicháng shēnkè.

✎

표를 보여 주시기 바랍니다. Qǐng chūshì nín de piào.

화장실 좀 다녀오겠습니다. Wǒ qù yíxià xǐshǒujiān.

그는 요즘 인기 최고입니다. Tā zuìjìn zuì huǒ.

주연 배우가 누구입니까? Zhǔjué shì shéi?

저는 한국 드라마 팬입니다. Wǒ shì ge Hánjù mí.

감동적이었습니다. Hěn gǎnrén.

재미없고 지루했습니다. Méi yìsi, hěn wúliáo.

미술관에 자주 가십니까? Nín jīngcháng qù měishùguǎn ma?

이것은 누구의 작품입니까? Zhè shì shéi de zuòpǐn?

✎

골인! Jìn qiú le!

✎

일본 팀이 졌습니다. Rìběn duì shū le.

✎

3대 3으로 비겼습니다. Sān bǐ sān píng le.

✎

정말 흥미진진한 경기였습니다. Bǐsài tài jīngcǎi le.

✎

골프 치는 거 좋아하십니까? Nǐ xǐhuan dǎ gāo'ěrfūqiú ma?

✎

우리랑 한 게임 하시겠습니까? Nǐmen xiǎng gēn wǒmen dǎ yì chǎng ma?

✎

오늘은 여기까지 합시다. Jīntiān jiù dào zhèr.

✎

회화 전체
들어보기
🎧 MP3 097-120

회화 전체
말해보기
🎧 MP3 097-120

88

꽃보다 사람
외모, 미용

일단 듣기

회화 듣기

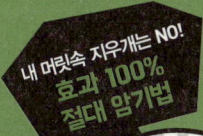
내 머릿속 지우개는 NO!
효과 100%
절대 암기법

你好!

你好!

일단 듣기 ➡ 쓰면서 자동 암기 ➡ 회화 연습

일단 듣기

🎧 MP3 121-144

요즘 살이 빠지셨습니다.

你最近瘦了。

Nǐ zuìjìn shòu le.

121

*瘦의 반대말은 胖(pàng)입니다.

갈수록 젊어지십니다.

你越来越年轻了。

Nǐ yuèláiyuè niánqīng le.

122

* '越来越~'는 시간의 경과에 따라 상황의 정도가 더욱 발전함을 나타냅니다.

오늘 정말 예쁘게 입으셨습니다.

你今天穿得真漂亮。

Nǐ jīntiān chuān de zhēn piāoliang.

123

*得는 보어와 연결시키는 조사로, 경성으로 발음합니다.

두 분 잘 어울리십니다.

两位很般配。

Liǎng wèi hěn bānpèi.

124

회화 연습

🎧 MP3 121-144

✒️ Nǐ zuìjìn shòu le.

✒️ 你最近瘦了。

✒️ Nǐ yuèláiyuè niánqīng le.

✒️ 你越来越年轻了。

✒️ Nǐ jīntiān chuān de zhēn piāoliang.

✒️ 你今天穿得真漂亮。

✒️ Liǎng wèi hěn bānpèi.

✒️ 两位很般配。

91

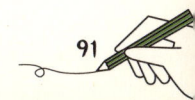

일상회화

당신은 몇 킬로를 감량했습니까?

你减了几公斤?

Nǐ jiǎnle jǐ gōngjīn?

125

*一公斤은 1킬로그램(kg)을 말합니다.

적게 먹고 많이 운동합니다.

少吃多运动。

Shǎo chī duō yùndòng.

126

어쩐지 (이상하더라).

怪不得。

Guàibude.

127

*유사 표현으로 难怪(nánguài)가 있습니다.

나는 전보다 살이 많이 쪘습니다.

我比以前胖多了。

Wǒ bǐ yǐqián pàng duō le.

128

✎ Nǐ jiǎnle jǐ gōngjīn?

✎ 你减了几公斤？

✎ Shǎo chī duō yùndòng.

✎ 少吃多运动。

✎ Guàibude.

✎ 怪不得。

✎ Wǒ bǐ yǐqián pàng duō le.

✎ 我比以前胖多了。

나는 헬스클럽에 가서 운동합니다.

我去健身房锻炼身体。

Wǒ qù jiànshēnfáng duànliàn shēntǐ.

129

＊중국어로 헬스클럽은 健身房입니다.

그는 정말 잘생겼습니다.

他长得真帅。

Tā zhǎng de zhēn shuài.

130

몸집이 작습니다.

身材矮小。

Shēncái ǎixiǎo.

131

파마했습니까?

你烫头发了吗?

Nǐ tàng tóufa le ma?

132

✎ Wǒ qù jiànshēnfáng duànliàn shēntǐ.

✎ 我去健身房锻炼身体。

✎ Tā zhǎng de zhēn shuài.

✎ 他长得真帅。

✎ Shēncái ǎixiǎo.

✎ 身材矮小。

✎ Nǐ tàng tóufa le ma?

✎ 你烫头发了吗？

체중이 늘었습니다.

体重增加了。

Tǐzhòng zēngjiā le.

133

당신은 정말 멋쟁이십니다.

你很会打扮。

Nǐ hěn huì dǎban.

134

*여기서 会는 '~을 잘하다, ~에 뛰어나다'의 의미입니다.

나는 살을 좀 빼야 합니다.

我该减减肥了。

Wǒ gāi jiǎnjian féi le.

135

*减肥는 이합동사로, 중첩할 때 첫 번째 음절(동사 부분)만 중첩합니다.

어떤 화장품을 쓰십니까?

你用什么化妆品?

Nǐ yòng shénme huàzhuāngpǐn?

136

✎ Tǐzhòng zēngjiā le.

✎ 体重增加了。

✎ Nǐ hěn huì dǎban.

✎ 你很会打扮。

✎ Wǒ gāi jiǎnjian féi le.

✎ 我该减减肥了。

✎ Nǐ yòng shénme huàzhuāngpǐn?

✎ 你用什么化妆品？

키가 얼마나 되십니까?

您个子多高?

Nín gèzi duō gāo?

🎧 **137**
✓○○

정말 날씬하시네요!

真苗条!

Zhēn miáotiao!

🎧 **138**
○○○

당신에게 네일아트를 해 드리지요.

我给你做个美甲吧。

Wǒ gěi nǐ zuò ge měijiǎ ba.

🎧 **139**
○○○

너무 촌스럽습니다.

太土了。

Tài tǔ le.

🎧 **140**
○○○

＊형용사 土는 '촌스럽다'의 의미입니다.

꽃보다 사람
외모, 미용

✎ Nín gèzi duō gāo?

✎ 您个子多高?

✎ Zhēn miáotiao!

✎ 真苗条!

✎ Wǒ gěi nǐ zuò ge měijiǎ ba.

✎ 我给你做个美甲吧。

✎ Tài tǔ le.

✎ 太土了。

염색을 하고 싶습니다.

我想染发。

Wǒ xiǎng rǎn fà.

141

당신은 쌍꺼풀 수술을 했습니까?

你做双眼皮儿了吗?

Nǐ zuò shuāngyǎnpír le ma?

142

그녀는 성형수술을 했습니다.

她整容了。

Tā zhěngróng le.

143

＊성형수술을 '整容' 또는 '整容手术'라고 합니다.

정말 못 알아보겠어요!

真看不出来呀!

Zhēn kàn bu chūlai ya!

144

＊방향보어 '(不)出来'는 구분이나 식별을 의미합니다.

> **STEP 2** 병음 2번, 중국어 3번 쓰기　　　**STEP 3** 말하기

✎ Wǒ xiǎng rǎn fà.

✎ 我想染发。

✎ Nǐ zuò shuāngyǎnpír le ma?

✎ 你做双眼皮儿了吗?

✎ Tā zhěngróng le.

✎ 她整容了。

✎ Zhēn kàn bu chūlai ya!

✎ 真看不出来呀!

이 말, 중국어로는 뭐라고 할까요? 다시 한 번 쓰면서 말해 보세요.

요즘 살이 빠지셨습니다. Nǐ zuìjìn shòu le.

✎

갈수록 젊어지십니다. Nǐ yuèláiyuè niánqīng le.

✎

오늘 정말 예쁘게 입으셨습니다. Nǐ jīntiān chuān de zhēn piàoliang.

✎

두 분 잘 어울리십니다. Liǎng wèi hěn bānpèi.

✎

당신은 몇 킬로를 감량했습니까? Nǐ jiǎn le jǐ gōngjīn?

✎

적게 먹고 많이 운동합니다. Shǎo chī duō yùndòng.

✎

어쩐지 (이상하더라). Guàibudé.

✎

나는 전보다 살이 많이 쪘습니다. Wǒ bǐ yǐqián pàng duō le.

✎

나는 헬스클럽에 가서 운동합니다. Wǒ qù jiànshēnfáng duànliàn shēntǐ.

그는 정말 잘생겼습니다. Tā zhǎng de zhēn shuài.

몸집이 작습니다. Shēncái ǎixiǎo.

파마했습니까? Nǐ tàng tóufa le ma?

체중이 늘었습니다. Tǐzhòng zēngjiā le.

당신은 정말 멋쟁이십니다. Nǐ hěn huì dǎban.

나는 살을 좀 빼야 합니다. Wǒ gāi jiǎnjian féi le.

어떤 화장품을 쓰십니까? Nǐ yòng shénme huàzhuāngpǐn?

키가 얼마나 되십니까? Nín gèzi duō gāo?

정말 날씬하시네요! Zhēn miáotiao!

당신에게 네일아트를 해 드리지요. Wǒ gěi nǐ zuò ge měijiǎ ba.

너무 촌스럽습니다. Tài tǔ le.

염색을 하고 싶습니다. Wǒ xiǎng rǎn fà.

당신은 쌍꺼풀 수술을 했습니까? Nǐ zuò shuāngyǎnpír le ma?

그녀는 성형수술을 했습니다. Tā zhěngróng le.

정말 못 알아보겠어요! Zhēn kàn bu chūlai ya!

회화 전체
들어보기
🎧 MP3 121-144

회화 전체
말해보기
🎧 MP3 121-144

글로벌 인재가 되는 길
인터넷, IT

일단 듣기　　회화 듣기

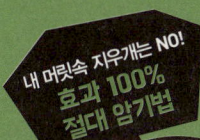

일단 듣기 ➡ 쓰면서 자동 암기 ➡ 회화 연습

인터넷, IT

일단 듣기

🎧 **MP3 145-168**

일상회화

> **STEP 1** 일단 듣기

내 핸드폰 배터리가 다 닳았습니다.

我手机没电了。

Wǒ shǒujī méi diàn le.

🎧 **145**
✓○○

인터넷에서 샀습니다.

在网上买的。

Zài wǎngshang mǎi de.

🎧 **146**
○○○

웹 사이트 주소를 알려 드리겠습니다.

我告诉你网址。

Wǒ gàosu nǐ wǎngzhǐ.

🎧 **147**
○○○

바이두에 가서 찾아보세요.

去百度上查一查。

Qù Bǎidù shang chá yi chá.

＊百度는 중국의 대표적인 포털 검색 사이트입니다.

STEP 2 병음 2번, 중국어 3번 쓰기

STEP 3 말하기

✎ Wǒ shǒujī méi diàn le.

✎ 我手机没电了。

✎ Zài wǎngshang mǎi de.

✎ 在网上买的。

✎ Wǒ gàosu nǐ wǎngzhǐ.

✎ 我告诉你网址。

✎ Qù Bǎidù shang chá yi chá.

✎ 去百度上查一查。

여기 인터넷이 됩니까?

这儿能上网吗?

Zhèr néng shàng wǎng ma?

149

컴퓨터가 다운됐습니다.

电脑死机了。

Diànnǎo sǐjī le.

150

로그인이 안 됩니다.

无法登录。

Wúfǎ dēnglù.

151

*无法는 '没有办法'이고, '~할 방법이 없다', '~할 수 없다'의 뜻입니다.

다시 켜 보십시오.

请您重新开机。

Qǐng nín chóngxīn kāijī.

152

✎ Zhèr néng shàng wǎng ma?

✎ 这儿能上网吗?

✎ Diànnǎo sǐjī le.

✎ 电脑死机了。

✎ Wúfǎ dēnglù.

✎ 无法登录。

✎ Qǐng nín chóngxīn kāijī.

✎ 请您重新开机。

여기 아이디가 있습니다.

这里有用户名。

Zhèli yǒu yònghùmíng.

153

블로그가 있으십니까?

你有博客吗?

Nǐ yǒu bókè ma?

*博客는 '블로그(blog)'를 의미합니다

154

이메일을 보낼 수가 없습니다.

电子邮件发不出去。

Diànzǐ yóujiàn fā bu chūqu.

155

프린터를 사용할 수 있습니까?

打印机能用吗?

Dǎyìnjī néng yòng ma?

156

STEP 2 병음 2번, 중국어 3번 쓰기 　　STEP 3 말하기

✎ Zhèli yǒu yònghùmíng.

✎ 这里有用户名。

✎ Nǐ yǒu bókè ma?

✎ 你有博客吗?

✎ Diànzǐ yóujiàn fā bu chūqu.

✎ 电子邮件发不出去。

✎ Dǎyìnjī néng yòng ma?

✎ 打印机能用吗?

인터넷이 너무 느립니다.

网速太慢了。

Wǎngsù tài màn le.

157

○○○

어디서 다운받으셨습니까?

在哪儿下载的?

Zài nǎr xiàzài de?

158

○○○

시스템 장애입니다.

是系统故障。

Shì xìtǒng gùzhàng.

*系统 는 시스템이라는 뜻입니다.

159

○○○

어느 사이트가 좋습니까?

哪个网站好?

Nǎge wǎngzhàn hǎo?

160

○○○

> ## STEP 2 병음 2번, 중국어 3번 쓰기　　> ## STEP 3 말하기

✎ Wǎngsù tài màn le.

✎ 网速太慢了。

✎ Zài nǎr xiàzài de?

✎ 在哪儿下载的？

✎ Shì xìtǒng gùzhàng.

✎ 是系统故障。

✎ Nǎge wǎngzhàn hǎo?

✎ 哪个网站好？

인터넷 친구를 만나 본 적이 있습니까?

你见过网友吗?

Nǐ jiànguo wǎngyǒu ma?

161

하드디스크가 고장 났습니다.

硬盘坏了。

Yìngpán huài le.

162

＊형용사 坏는 '고장 나다, 상하다'의 뜻입니다.

PC방은 어디에 있습니까?

网吧在哪儿?

Wǎngbā zài nǎr?

163

＊网吧는 인터넷을 뜻하는 网과 영어의 'bar'를 음역한 吧로 구성되어 PC방을 뜻합니다.

나는 노트북 컴퓨터를 사고 싶습니다.

我想买笔记本电脑。

Wǒ xiǎng mǎi bǐjìběn diànnǎo.

164

STEP 2 병음 2번, 중국어 3번 쓰기 | **STEP 3 말하기**

✎ Nǐ jiànguo wǎngyǒu ma?

✎ 你见过网友吗?

✎ Yìngpán huài le.

✎ 硬盘坏了。

✎ Wǎngbā zài nǎr?

✎ 网吧在哪儿?

✎ Wǒ xiǎng mǎi bǐjìběn diànnǎo.

✎ 我想买笔记本电脑。

스팸 문자입니다.

是垃圾短信。

Shì lājī duǎnxìn.

165

그 스마트폰은 이미 한물갔습니다.

那个智能手机已经过时了。

Nàge zhìnéng shǒujī yǐjīng guòshí le.

166

＊过时는 '유행이 지나다, 구식이다'의 의미입니다.

나는 디카를 하나 사려고 합니다.

我要买个数码相机。

Wǒ yào mǎi ge shùmǎ xiàngjī.

167

＊数码는 디지털(digital)이란 의미입니다.

당신은 백신 프로그램이 있습니까?

你有杀毒软件吗？

Nǐ yǒu shādú ruǎnjiàn ma?

168

＊软件은 소프트웨어 프로그램을 뜻합니다.

STEP 2 병음 2번, 중국어 3번 쓰기 | STEP 3 말하기

✎ Shì lājī duǎnxìn.

✎ 是垃圾短信。

✎ Nàge zhìnéng shǒujī yǐjīng guòshí le.

✎ 那个智能手机已经过时了。

✎ Wǒ yào mǎi ge shùmǎ xiàngjī.

✎ 我要买个数码相机。

✎ Nǐ yǒu shādú ruǎnjiàn ma?

✎ 你有杀毒软件吗?

이 말, 중국어로는 뭐라고 할까요? 다시 한 번 쓰면서 말해 보세요.

내 핸드폰에 배터리가 없습니다. Wǒ shǒujī méi diàn le.

✎

인터넷에서 샀습니다. Zài wǎngshang mǎi de.

✎

웹 사이트 주소를 알려 드리겠습니다. Wǒ gàosu nǐ wǎngzhǐ.

✎

바이두에 가서 찾아보세요. Qù Bǎidù shang chá yi chá..

✎

여기 인터넷이 됩니까? Zhèr néng shàng wǎng ma?

✎

컴퓨터가 다운됐습니다. Diànnǎo sǐjī le.

✎

로그인이 안 됩니다. Wúfǎ dēnglù.

✎

다시 켜 보십시오. Qǐng nín chóngxīn kāijī.

✎

여기 아이디가 있습니다. Zhèli yǒu yònghùmíng.

블로그가 있으십니까? Nǐ yǒu bókè ma?

이메일을 보낼 수가 없습니다. Diànzǐ yóujiàn fā bu chūqu.

프린터를 사용할 수 있습니까? Dǎyìnjī néng yòng ma?

인터넷이 너무 느립니다. Wǎngsù tài màn le.

어디서 다운받으셨습니까? Zài nǎr xiàzài de?

시스템 장애입니다. Shì xìtǒng gùzhàng.

어느 사이트가 좋습니까? Nǎge wǎngzhàn hǎo?

인터넷 친구를 만나 본 적이 있습니까? Nǐ jiànguo wǎngyǒu ma?

✎ _____

하드디스크가 고장 났습니다. Yìngpán huài le.

✎ _____

PC방은 어디에 있습니까? Wǎngbā zài nǎr?

✎ _____

나는 노트북 컴퓨터를 사고 싶습니다. Wǒ xiǎng mǎi bǐjìběn diànnǎo.

✎ _____

스팸 문자입니다. Shì lājī duǎnxìn.

✎ _____

그 스마트폰은 이미 한물갔습니다. Nàge zhìnéng shǒujī yǐjīng guòshí le.

✎ _____

나는 디카를 하나 사려고 합니다. Wǒ yào mǎi ge shùmǎ xiàngjī.

✎ _____

당신은 백신 프로그램이 있습니까? Nǐ yǒu shādú ruǎnjiàn ma?

✎ _____

회화 전체
들어보기
🎧 MP3 145-168

회화 전체
말해보기
🎧 MP3 145-168

내 일은 내 손으로
은행, 우편, 세탁

일단 듣기

회화 듣기

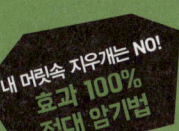
내 머릿속 지우개는 NO!
효과 100%
절대 암기법

일단 듣기 ➡ 쓰면서 자동 암기 ➡ 회화 연습

일상회화 〉 **STEP 1** 일단 듣기

편지를 부치려고 합니다.
我想寄信。
Wǒ xiǎng jì xìn.

169

*寄는 '(우편으로) 부치다'의 의미입니다.

등기우편으로 부치겠습니다.
我寄挂号信。
Wǒ jì guàhào xìn.

170

우표를 안 붙이셨습니다.
您没贴邮票。
Nín méi tiē yóupiào.

171

*贴는 '(풀 등으로) 붙이다'의 의미입니다.

내용물이 무엇입니까?
里面有什么?
Lǐmiàn yǒu shénme?

172

STEP 2 병음 2번, 중국어 3번 쓰기

STEP 3 말하기

✎ Wǒ xiǎng jì xìn.

✎ 我想寄信。

✎ Wǒ jì guàhào xìn.

✎ 我寄挂号信。

✎ Nín méi tiē yóupiào.

✎ 您没贴邮票。

✎ Lǐmiàn yǒu shénme?

✎ 里面有什么？

여기서 소포를 부칠 수 있습니까?

这里能寄包裹吗?

Zhèli néng jì bāoguǒ ma?

173

이 셔츠를 드라이클리닝해 주세요.

这件衬衫请干洗一下。

Zhè jiàn chènshān qǐng gànxǐ yíxià.

*干洗는 드라이클리닝을 말합니다.

174

세탁이 다 되었습니까?

洗好了吗?

Xǐhǎo le ma?

175

언제 찾으러 오면 됩니까?

什么时候可以取?

Shénme shíhou kěyǐ qǔ?

176

STEP 2 병음 2번, 중국어 3번 쓰기　　　STEP 3 말하기

✎ Zhèli néng jì bāoguǒ ma?

✎ 这里能寄包裹吗?

✎ Zhè jiàn chènshān qǐng gànxǐ yíxià.

✎ 这件衬衫请干洗一下。

✎ Xǐhǎo le ma?

✎ 洗好了吗?

✎ Shénme shíhou kěyǐ qǔ?

✎ 什么时候可以取?

125

잘 다려 주세요.

请好好儿熨一下。

Qǐng hǎohāor yùn yíxià.

177

*好好儿에서 두 번째 好는 1성으로 발음됩니다.

통장을 개설하고 싶습니다.

我要开账户。

Wǒ yào kāi zhànghù.

178

계좌 이체를 하려고 합니다.

我想转帐。

Wǒ xiǎng zhuǎnzhàng.

179

어디에서 환전을 합니까?

在哪儿换钱？

Zài nǎr huànqián?

180

STEP 2 병음 2번, 중국어 3번 쓰기	STEP 3 말하기

✎ Qǐng hǎohāor yùn yíxià.

✎ 请好好儿熨一下。

✎ Wǒ yào kāi zhànghù.

✎ 我要开账户。

✎ Wǒ xiǎng zhuǎnzhàng.

✎ 我想转帐。

✎ Zài nǎr huànqián?

✎ 在哪儿换钱?

출금하려고 합니다.

我要取钱。

Wǒ yào qǔ qián.

181

*입금은 存款(cúnkuǎn)이라 합니다.

잔돈으로 바꾸고 싶습니다.

我要换零钱。

Wǒ yào huàn língqián.

182

카드를 분실했습니다.

我的卡丢了。

Wǒ de kǎ diū le.

183

ATM은 어디에 있습니까?

取款机在哪儿?

Qǔkuǎnjī zài nǎr?

184

*여기서 款은 钱의 의미입니다.

STEP 2 병음 2번, 중국어 3번 쓰기 · STEP 3 말하기

Wǒ yào qǔ qián.

我要取钱。

Wǒ yào huàn língqián.

我要换零钱。

Wǒ de kǎ diū le.

我的卡丢了。

Qǔkuǎnjī zài nǎr?

取款机在哪儿?

129

먼저 신청서를 작성해 주십시오.

请先填写申请表。

Qǐng xiān tiánxiě shēnqǐngbiǎo.

185

*填写는 '(양식 등에) 기입하다'라는 의미입니다.

5번 창구로 가십시오.

请到五号窗口。

Qǐng dào wǔ hào chuāngkǒu.

186

회원 등록을 하고 싶습니다.

我想注册会员。

Wǒ xiǎng zhùcè huìyuán.

187

비밀번호를 잊어버렸습니다.

密码忘了。

Mìmǎ wàng le.

188

✎ Qǐng xiān tiánxiě shēnqǐngbiǎo.

✎ 请先填写申请表。

✎ Qǐng dào wǔ hào chuāngkǒu.

✎ 请到五号窗口。

✎ Wǒ xiǎng zhùcè huìyuán.

✎ 我想注册会员。

✎ Mìmǎ wàng le.

✎ 密码忘了。

대출을 받고 싶습니다.
我想贷款。
Wǒ xiǎng dàikuǎn.

189

신분증을 보여 주십시오.
请出示身份证。
Qǐng chūshì shēnfènzhèng.

190

잠시만 기다려 주십시오.
请稍等。
Qǐng shāo děng.

*稍는 부사로서 '약간, 조금'의 뜻입니다.

191

네, 부탁합니다.
好的，拜托了。
Hǎo de, bàituō le.

192

✎ Wǒ xiǎng dàikuǎn.

✎ 我想贷款。

✎ Qǐng chūshì shēnfènzhèng.

✎ 请出示身份证。

✎ Qǐng shāo děng.

✎ 请稍等。

✎ Hǎo de, bàituō le.

✎ 好的，拜托了。

이 말, 중국어로는 뭐라고 할까요? 다시 한 번 쓰면서 말해 보세요.

편지를 부치려고 합니다. Wǒ xiǎng jì xìn.

✎

등기우편으로 부치겠습니다. Wǒ jì guàhào xìn.

✎

우표를 안 붙이셨습니다. Nín méi tiē yóupiào.

✎

내용물이 무엇입니까? Lǐmiàn yǒu shénme?

✎

여기서 소포를 부칠 수 있습니까? Zhèli néng jì bāoguǒ ma?

✎

이 셔츠를 드라이클리닝해 주세요. Zhè jiàn chènshān qǐng gànxǐ yíxià.

✎

세탁이 다 되었습니까? Xǐhǎo le ma?

✎

언제 찾으러 오면 됩니까? Shénme shíhou kěyǐ qǔ?

✎

잘 다려 주세요. Qǐng hǎohāor yùn yíxià.

통장을 개설하고 싶습니다. Wǒ yào kāi zhànghù.

계좌 이체를 하려고 합니다. Wǒ xiǎng zhuǎnzhàng.

어디에서 환전을 합니까? Zài nǎr huànqián?

출금하려고 합니다. Wǒ yào qǔ qián.

잔돈으로 바꾸고 싶습니다. Wǒ yào huàn língqián.

카드를 분실했습니다. Wǒ de kǎ diū le.

ATM은 어디에 있습니까? Qǔkuǎnjī zài nǎr?

135

먼저 신청서를 작성해 주십시오. Qǐng xiān tiánxiě shēnqǐngbiǎo.

5번 창구로 가십시오. Qǐng dào wǔ hào chuāngkǒu.

회원 등록을 하고 싶습니다. Wǒ xiǎng zhùcè huìyuán.

비밀번호를 잊어버렸습니다. Mìmǎ wàng le.

대출을 받고 싶습니다. Wǒ xiǎng dàikuǎn.

신분증을 보여 주십시오. Qǐng chūshì shēnfènzhèng.

잠시만 기다려 주십시오. Qǐng shāo děng.

네, 부탁합니다. Hǎo de, bàituō le.

회화 전체
들어보기
🎧MP3 169-192

회화 전체
말해보기
🎧MP3 169-192

136

나에게 말해줘
계획, 생각

일단 듣기　　회화 듣기

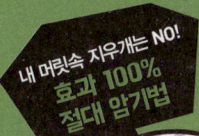

내 머릿속 지우개는 NO!
효과 100%
절대 암기법

你好!

你好!

일단 듣기 ➡ 쓰면서 자동 암기 ➡ 회화 연습

일상회화　　　　　　　　　　　　　　　**STEP 1 일단 듣기**

방학에 당신은 무엇을 합니까?

放假你做什么?

Fàngjià nǐ zuò shénme?

193

*放假는 放学(하교하다)와 구별됩니다.

아직 못 정했습니다.

还没决定。

Hái méi juédìng.

194

나는 중국어 어학연수를 갈 겁니다.

我要去进修汉语。

Wǒ yào qù jìnxiū Hànyǔ.

195

나는 여행을 갈 예정입니다.

我打算去旅游。

Wǒ dǎsuan qù lǚyóu.

196

*여기서 打算은 '~할 예정이다, ~계획이다'라는 뜻을 지닌 조동사입니다.

> **STEP 2** 병음 2번, 중국어 3번 쓰기　　　**STEP 3** 말하기

✎ Fàngjià nǐ zuò shénme?

✎ 放假你做什么？

✎ Hái méi juédìng.

✎ 还没决定。

✎ Wǒ yào qù jìnxiū Hànyǔ.

✎ 我要去进修汉语。

✎ Wǒ dǎsuan qù lǚyóu.

✎ 我打算去旅游。

이달에 보너스를 많이 받았습니다.

这个月发了很多奖金。

Zhège yuè fāle hěn duō jiǎngjīn.

197

같이 쇼핑하러 갑시다.

一起去逛街吧。

Yìqǐ qù guàngjiē ba.

198

조금 있으면 휴가입니다.

快要放假了。

Kuài yào fàngjià le.

199

* '快要~了'는 중간에 동사나 형용사를 넣어, 시간이 다가오거나 곧 어떤 상황이 발생함을 나타냅니다.

시간이 정말 빨리 갑니다!

时间过得真快啊!

Shíjiān guò de zhēn kuài a!

200

✎ Zhège yuè fāle hěn duō jiǎngjīn

✎ 这个月发了很多奖金。

✎ Yìqǐ qù guàngjiē ba.

✎ 一起去逛街吧。

✎ Kuài yào fàngjiàle.

✎ 快要放假了。

✎ Shíjiān guò de zhēn kuài a!

✎ 时间过得真快啊!

나는 따뜻한 지역에 가는 게 좋습니다.

我喜欢去暖和的地方。

Wǒ xǐhuan qù nuǎnhuo de dìfang.

🎧 **201**

✓○○

*暖和에서 和는 'huo'로 발음합니다.

분위기가 시끌벅적합니다.

气氛很热闹。

Qìfēn hěn rènao.

🎧 **202**

○○○

곧 새해가 다가옵니다.

新年就要到了。

Xīnnián jiù yào dào le.

🎧 **203**

○○○

* '就要~了'도 '快要~了'와 마찬가지로 곧 어떤 상황이 발생함을 나타냅니다.

뭐 특별한 일은 없습니다.

没什么特别的事。

Méi shénme tèbié de shì.

204

○○○

✎ Wǒ xǐhuan qù nuǎnhuo de dìfang.

✎ 我喜欢去暖和的地方。

✎ Qìfēn hěn rènao.

✎ 气氛很热闹。

✎ Xīnnián jiù yào dào le.

✎ 新年就要到了。

✎ Méi shénme tèbié de shì.

✎ 没什么特别的事。

어떤 계획이 있습니까?

你有什么打算?

Nǐ yǒu shénme dǎsuan?

205

*여기서 打算은 '생각, 계획'이라는 뜻을 지닌 명사입니다.

가끔 갑니다.

我偶尔去。

Wǒ ǒu'ěr qù.

206

*偶尔은 '어쩌다, 가끔'의 뜻을 지닌 부사로 经常보다 빈도수가 낮습니다.

설날이 다가왔습니다.

春节到了。

Chūnjié dào le.

207

금년 휴가에는 어디에 가고 싶습니까?

今年假期你想去哪里?

Jīnnián jiàqī nǐ xiǎng qù nǎli?

208

STEP 2 병음 2번, 중국어 3번 쓰기 〉 **STEP 3 말하기**

✎ Nǐ yǒu shénme dǎsuan?

✎ 你有什么打算？

✎ Wǒ ǒu'ěr qù.

✎ 我偶尔去。

✎ Chūnjié dào le.

✎ 春节到了。

✎ Jīnnián jiàqī nǐ xiǎng qù nǎli?

✎ 今年假期你想去哪里？

145

시안에 갈 예정입니다.

我打算去西安。
Wǒ dǎsuan qù Xī'ān.

209

＊西安[Xī'ān]처럼 단어의 두 번째 음절이 a,e,o로 시작할 때는 ' (격음부호)로 구분해 줍니다.

좋은 생각이에요!

好主意!
Hǎo zhǔyi!

210

＊여기서 主意는 '방법, 아이디어'의 뜻입니다.

중국 문화에 관심이 있습니까?

你对中国文化感兴趣吗?
Nǐ duì Zhōngguó wénhuà gǎn xìngqù ma?

211

＊'对＋대상＋感兴趣'는 '어떤 대상에 흥미/관심을 느끼다'의 의미입니다.

나는 담배를 끊기로 결심했습니다.

我下决心戒烟了。
Wǒ xià juéxīn jiè yān le.

212

✎ Wǒ dǎsuan qù Xī'ān.

✎ 我打算去西安。

✎ Hǎo zhǔyi!

✎ 好主意!

✎ Nǐ duì Zhōngguó wénhuà gǎn xìngqù ma?

✎ 你对中国文化感兴趣吗?

✎ Wǒ xià juéxīn jiè yān le.

✎ 我下决心戒烟了。

집을 세들고 싶습니다.

我想租一套房子。

Wǒ xiǎng zū yí tào fángzi.

213

＊套는 집을 세는 양사입니다.

당신은 언제 이사합니까?

你什么时候搬家?

Nǐ shénme shíhou bānjiā?

214

＊동사 搬은 '옮기다, 운반하다'의 뜻입니다.

나는 귀국할 예정입니다.

我打算回国。

Wǒ dǎsuan huíguó.

215

선물을 샀습니까?

你买礼物了吗?

Nǐ mǎi lǐwù le ma?

216

> ## STEP 2 병음 2번, 중국어 3번 쓰기　> STEP 3 말하기

✎ Wǒ xiǎng zū yí tào fángzi.

✎ 我想租一套房子。

✎ Nǐ shénme shíhou bānjiā?

✎ 你什么时候搬家?

✎ Wǒ dǎsuan huíguó.

✎ 我打算回国。

✎ Nǐ mǎi lǐwù le ma?

✎ 你买礼物了吗?

149

이 말, 중국어로는 뭐라고 할까요? 다시 한 번 쓰면서 말해 보세요.

방학에 당신은 무엇을 합니까? Fàngjià nǐ zuò shénme?

아직 못 정했습니다. Hái méi juédìng.

나는 중국어 어학연수를 갈 겁니다. Wǒ yào qù jìnxiū Hànyǔ.

나는 여행을 갈 예정입니다. Wǒ dǎsuan qù lǚyóu.

이달에 보너스를 많이 받았습니다. Zhège yuè fāle hěn duō jiǎngjīn.

같이 쇼핑하러 갑시다. Yìqǐ qù guàngjiē ba.

조금 있으면 휴가입니다. Kuài yào fàngjià le.

시간이 정말 빨리 갑니다! Shíjiān guò de zhēn kuài a!

나는 따뜻한 지역에 가는 게 좋습니다. Wǒ xǐhuan qù nuǎnhuo de dìfang.

분위기가 시끌벅적합니다. Qìfēn hěn rènao.

곧 새해가 다가옵니다. Xīnnián jiù yào dào le.

뭐 특별한 일은 없습니다. Méi shénme tèbié de shì.

어떤 계획이 있습니까? Nǐ yǒu shénme dǎsuan?

가끔 갑니다. Wǒ ǒu'ěr qù.

설날이 다가왔습니다. Chūnjié dào le.

금년 휴가에는 어디에 가고 싶습니까? Jīnnián jiàqī nǐ xiǎng qù nǎli?

시안에 갈 예정입니다. Wǒ dǎsuan qù Xī'ān.

🖋

좋은 생각이에요! Hǎo zhǔyi!

🖋

중국 문화에 관심이 있습니까? Nǐ duì Zhōngguó wénhuà gǎn xìngqù ma?

🖋

나는 담배를 끊기로 결심했습니다. Wǒ xià juéxīn jiè yān le.

🖋

집을 세들고 싶습니다. Wǒ xiǎng zū yí tào fángzi.

🖋

당신은 언제 이사합니까? Nǐ shénme shíhou bānjiā?

🖋

나는 귀국할 예정입니다. Wǒ dǎsuan huíguó.

🖋

선물을 샀습니까? Nǐ mǎi lǐwù le ma?

🖋

필순까지 한 번에 익히는
일상 단어 간체자 쓰기

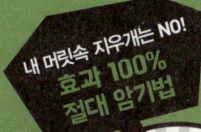

내 머릿속 지우개는 NO!
**효과 100%
절대 암기법**

일단 듣기 ➡ 쓰면서 자동 암기 ➡ 회화 연습

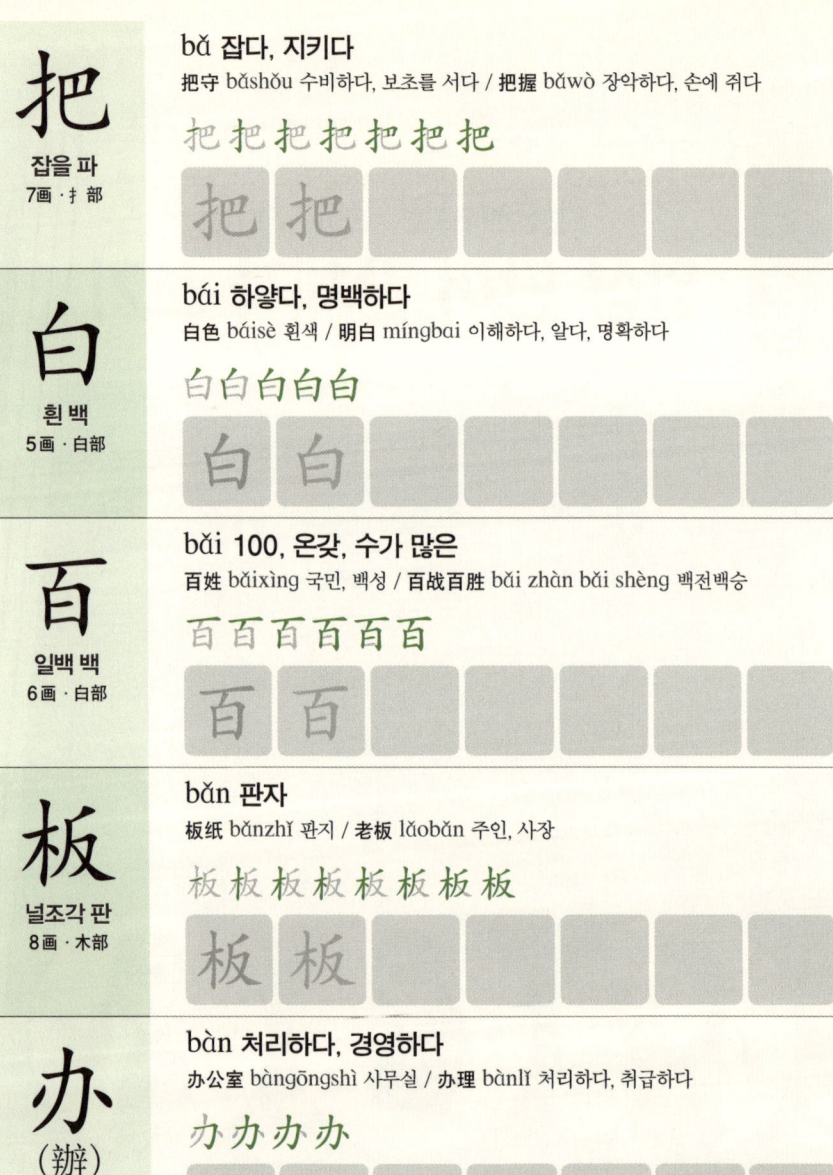

把
잡을 파
7画·扌部

bǎ 잡다, 지키다
把守 bǎshǒu 수비하다, 보초를 서다 / 把握 bǎwò 장악하다, 손에 쥐다

把把把把把把把

白
흰 백
5画·白部

bái 하얗다, 명백하다
白色 báisè 흰색 / 明白 míngbai 이해하다, 알다, 명확하다

白白白白白

百
일백 백
6画·白部

bǎi 100, 온갖, 수가 많은
百姓 bǎixìng 국민, 백성 / 百战百胜 bǎi zhàn bǎi shèng 백전백승

百百百百百百

板
널조각 판
8画·木部

bǎn 판자
板纸 bǎnzhǐ 판지 / 老板 lǎobǎn 주인, 사장

板板板板板板板板

办
(辦)
힘쓸 판
4画·力部

bàn 처리하다, 경영하다
办公室 bàngōngshì 사무실 / 办理 bànlǐ 처리하다, 취급하다

办办办办

帮
(幫)
도울 방
9画 · 巾部

bāng 돕다, 거들어 주다
帮忙 bāngmáng 일을 돕다 / 帮助 bāngzhù 도와주다

帮帮帮帮帮帮帮帮帮

宝
(寶)
보배 보
8画 · 宀部

bǎo 보물, 보배
宝贝 bǎobèi 보배, 보물 / 宝贵 bǎoguì 아끼다, 중시하다

宝宝宝宝宝宝宝宝

报
(報)
갚을 보
7画 · 扌部

bào 알리다, 보답하다
报告 bàogào 보고하다 / 报纸 bàozhǐ 신문, 신문지

报报报报报报报

备
(備)
갖출 비
8画 · 夂部

bèi 준비하다, 마련하다, 갖추다
准备 zhǔnbèi 준비(하다) / 设备 shèbèi 설비(하다)

备备备备备备备备

备 备

被
이불 피
10画 · 衤部

bèi 이불, ~에게 ~당하다
被告 bèigào 피고 / 被杀 bèishā 살해당하다

被被被被被被被被被被

被 被

155

本
뿌리 본
5画 · 木部

běn 뿌리, 근본, 원래

本来 běnlái 원래(의,) 본래(의) / 根本 gēnběn 근본, 기초

本 本 本 本 本

必
반드시 필
5画 · 心部

bì 틀림없이, 반드시 ~한다

必须 bìxū 반드시 ~해야 한다 / 必要 bìyào 필요하다

必 必 必 必 必

闭
(閉)
닫을 폐
6画 · 门部

bì 닫다, 끝내다

闭幕 bìmù 폐막하다, 막을 내리다 / 闭业 bìyè 폐업하다

闭 闭 闭 闭 闭 闭

变
(變)
변할 변
8画 · 又部

biàn 달라지다, 변화하다

变化 biànhuà 변화(하다) / 变形 biànxíng 형태가 변하다, 변형하다

变 变 变 变 变 变 变 变

表
(*錶)
겉 표
8画 · 衣部

biǎo 겉, 나타내다, 시계

表现 biǎoxiàn 나타내다, 표현하다 / 手表 shǒubiǎo 손목시계

表 表 表 表 表 表 表 表

并
나란히 병
6画 · 丷部

bìng 합치다, 함께
并排 bìngpái 나란히 하다, 가지런히 하다 / 并且 bìngqiě 또한, 그리고, 더욱이

并并并并并并

病
병 병
10画 · 疒部

bìng 병, 앓다
病房 bìngfáng 병실, 병동 / 病人 bìngrén 환자

病病病病病病病病病病

才
(*纔)
재주 재
3画 · 才部

cái 재능, 인재, 겨우
人才 réncái 인재 / 刚才 gāngcái 지금 막, 방금

才才才

菜
나물 채
11画 · 艹部

cài 채소, 반찬
菜单 càidān 식단, 메뉴 / 白菜 báicài 배추

菜菜菜菜菜菜菜菜菜菜菜

草
풀 초
9画 · 艹部

cǎo 풀
草地 cǎodì 잔디밭 / 草原 cǎoyuán 초원, 풀밭

草草草草草草草草草

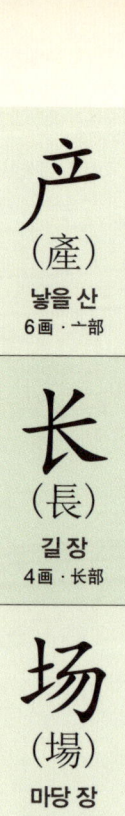

产 (產)
낳을 산
6画 · 亠部

chǎn 낳다, 생산하다
产物 chǎnwù 생산물 / 国产 guóchǎn 국산(의)

产 产 产 产 产 产

产 产

长 (長)
길 장
4画 · 长部

cháng / zhǎng 길다, 성장하다
特长 tècháng 장기, 장점 / 生长 shēngzhǎng 자라다, 생장하다

长 长 长 长

长 长

场 (場)
마당 장
6画 · 土部

cháng / chǎng 편, 차(횟수를 세는 단위), 마당, 장소
场面 chǎngmiàn 장면, (영화의) 신 / 现场 xiànchǎng 현장

场 场 场 场 场 场

场 场

厂
헛간 창
2画 · 厂部

chǎng 공장
厂家 chǎngjiā 제조업자, 생산업자 / 工厂 gōngchǎng 공장

厂 厂

厂 厂

成
이루어질 성
6画 · 戈部

chéng 이루다, 성공하다, ~로 되다
成功 chénggōng 성공(하다) / 成绩 chéngjì 성적, 성과

成 成 成 成 成 成

成 成

程
한도 정
12画 · 禾部

chéng 규정, 순서
程度 chéngdù 수준, 정도 / 过程 guòchéng 과정

程程程程程程程程程程程程

程　程

充
가득찰 충
6画 · 儿部

chōng 충분하다, 넘치다
充分 chōngfèn 넉넉하다, 충분하다 / 充满 chōngmǎn 가득 차다, 충만하다

充充充充充充

充　充

初
처음 초
7画 · 衤部

chū 시작, 처음의
初步 chūbù 일차적이다, 초보적이다 / 初级 chūjí 초급

初初初初初初初

初　初

除
나눌 제
9画 · 左阝部

chú ~를 제외하고, 제거하다
除非 chúfēi 오직 ~하여야, ~을 제외하고는 / 除了 chú le ~을 제외하고는

除除除除除除除除除

除　除

处 (處)
곳 처
5画 · 卜部

chǔ / chù 거주하다, 처벌하다, 장소
处理 chǔlǐ 처리하다, 해결하다 / 办事处 bànshìchù 사무소

处处处处处

处　处

窗
창 창
12画 · 穴部

chuāng 창
窗户 chuānghu 창문, 창호 / 同窗 tóngchuāng 한 학교에서 같이 배우다, 동창

窗窗窗窗窗窗窗窗窗窗窗窗

春
봄 춘
9画 · 日部

chūn 봄
春节 Chūnjié 음력설 / 春天 chūntiān 봄

春春春春春春春春春

此
이 차
6画 · 止部

cǐ 이것, 이곳, 이때
此后 cǐhòu 이후, 그 다음 / 此外 cǐwài 이 외에

此此此此此此

次
차례 차
6画 · 冫部

cì 다음의, 순서, 번, (품질이) 떨어지다
次品 cìpǐn 하등품 / 次要 cìyào 이차적, 부차적

次次次次次次

从
(從)
좇을 종
4画 · 人部

cóng ~로부터, ~에서, 종사하다
从来 cónglái 지금까지, 여태껏 / 从前 cóngqián 이전에, 종전에

从从从从

存
있을 존
6画 · 子部

cún 있다, 저축하다
存款 cúnkuǎn 저금, 예금 / *存在* cúnzài 존재하다, 현존하다

存存存存存存

达 (達)
통할 달
6画 · 辶部

dá 통하다, 표현하다, 도달하다
到达 dàodá 도착하다 / *传达* chuándá 전달하다

达 达 达 达 达 达

答
대답할 답
12画 · 竹部

dá / dā 대답하다, 회답하다, 보답하다
答应 dāying 승낙하다, 동의하다 / *答案* dá'àn 답안

答答答答答答答答答答答答

待
기다릴 대
9画 · 彳部

dài 기다리다, 대우하다
待客 dàikè 손님을 접대하다 / *待遇* dàiyù 대우(하다), 대하다

待待待待待待待待待

单 (單)
홀 단
8画 · ソ部

dān 단일한, 단독의
单纯 dānchún 단순하다, 순진하다 / *单调* dāndiào 단조롭다

单单单单单单单单

单 单

161

刀
칼 도
2画 · 刀部

dāo 칼
刀子 dāozi 작은 칼 / 冰刀 bīngdāo 스케이트날

刀刀

导 (導)
이끌 도
6画 · 已部

dǎo 이끌다, 가르쳐 인도하다
导演 dǎoyǎn 연출하다, 감독하다 / 导游 dǎoyóu 관광객을 안내하다

导导导导导导

到
이를 도
8画 · 刂部

dào 도착하다, ~까지
到达 dàodá 도착하다 / 到底 dàodǐ 도대체

到到到到到到到到

底
밑 저
8画 · 广部

dǐ 바닥
底下 dǐxià 밑, 아래 / 月底 yuèdǐ 월말

底底底底底底底底

地
땅 지
6画 · 土部

dì 땅, 지방
地下 dìxià 땅밑, 지하 / 地址 dìzhǐ 소재지, 주소

地地地地地地

第

차례 제
11画 · 竹部

dì 차례, 수사 앞에 쓰여 순서를 나타냄

第一 dì'yī 첫째, 제일 / 第二 dì'èr 둘째

第第第第第第第第第第第

店

전방 점
8画 · 广部

diàn 상점

店员 diànyuán 점원 / 商店 shāngdiàn 상점

店店店店店店店店

冬

겨울 동
5画 · 夂部

dōng 겨울

冬季 dōngjì 동계 / 冬天 dōngtiān 겨울

冬冬冬冬冬

读
(讀)

읽을 독
10画 · 讠部

dú 읽다, 공부하다

读书 dúshū 독서하다, 공부하다 / 阅读 yuèdú 열독하다, 읽다

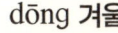读读读读读读读读读读

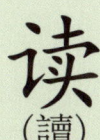

断
(斷)

자를 단
11画 · 斤部

duàn 끊기다, 끊다, 판단하다, 결정하다

断绝 duànjué 끊다, 단절하다, 차단하다 / 诊断 zhěnduàn 진단하다

断断断断断断断断断断断

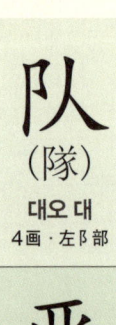

队
(隊)

대오 대
4画·左阝部

duì 대열, 팀

站队 zhànduì 줄지어 서다 / 军队 jūnduì 군대

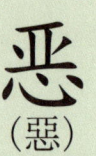

恶
(惡)

악할 악/미워할 오
10画·心部

è / ě / wù 악하다, 싫어하다, 미워하다

恶意 èyì 악의 / 恶感 ègǎn 나쁜 감정, 싫은 느낌

发
(發*髮)

쏠 발
5画·又部

fā / fà 발생하다, 떠나다, 머리카락

发生 fāshēng 발생하다 / 头发 tóufa 두발, 머리털

法

법 법
8画·氵部

fǎ 법률, 방법

法律 fǎlǜ 법률 / 办法 bànfǎ 방법, 수단

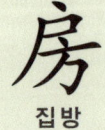

房

집 방
8画·戶部

fáng 집, 방

房租 fángzū 집세 / 房子 fángzi 집, 건물

放

놓을 방
8画 · 攵部

fàng 놓다, 방송하다, 방학하다
放学 fàngxué 학교가 파하다 / 放映 fàngyìng 상영하다

飞
(飛)

날 비
3画 · 飞部

fēi 날다, 나는 듯이 빨리
飞机 fēijī 비행기, 항공기 / 飞快 fēikuài 재빠르다

费
(費)

쓸 비
9画 · 贝部

fèi 요금, 쓰다
费用 fèiyòng 비용 / 浪费 làngfèi 낭비하다

风
(風)

바람 풍
4画 · 风部

fēng 바람, 풍속
风俗 fēngsú 풍속 / 刮风 guāfēng 바람이 불다

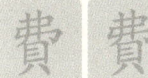 

复
(復*複)

회복할 복
9画 · 攵部

fù 거듭하다, 회복하다, 겹치다, 중복하다
复杂 fùzá 복잡하다 / 复制 fùzhì 복제하다

富
넉넉할 부
12画 · 宀部

fù 부유하다, 풍부하다

富裕 fùyù 부유하다 / 丰富 fēngfù 풍부하다

改
고칠 개
7画 · 攵部

gǎi 바꾸다, 바로잡다

改变 gǎibiàn 변하다, 바뀌다 / 改革 gǎigé 개혁하다

干
(*乾*榦)
방패 간
3画 · 干部

gān / gàn 관계하다, 마르다, (일 등을) 하다

干涉 gānshè 간섭하다 / 才干 cáigàn 재능, 수완, 솜씨

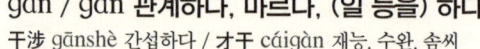

刚
(剛)
굳셀 강
6画 · 刂部

gāng 지금, 마침

刚刚 gānggang 바로 지금, 방금 / 刚才 gāngcái 지금 막, 방금, 이제

各
각각 각
6画 · 口部

gè 여러, 각자

各别 gèbié 개개, 각각, 별나다, 색다르다 / 各种 gèzhǒng 여러 가지, 각종

共
함께 공
6画 · 八部

gòng 함께, 전부
共计 gòngjì 합계(하다), 도합(하다) / 共同 gòngtóng 공통의, 함께, 다같이

共 共 共 共 共 共

共　　共

古
예 고
5画 · 口部

gǔ 고대, 낡다
古代 gǔdài 고대 / 古老 gǔlǎo 오래되다, 진부하다

古 古 古 古 古

古　　古

故
연고 고
9画 · 攵部

gù 이유, 사고
故意 gùyì 고의로, 일부러 / 缘故 yuángù 연고, 원인, 이유

故 故 故 故 故 故 故 故 故

故　　故

观
(觀)
볼 관
6画 · 又部

guān / guàn 보다, 견해
观察 guānchá 관찰(하다) / 乐观 lèguān 낙관(적이다)

观 观 观 观 观 观

观　　观

光
빛 광
6画 · 儿部

guāng 빛, 영예
光彩 guāngcǎi 광채 / 光线 guāngxiàn 광선, 빛

光 光 光 光 光 光

光　　光

广
(廣)
넓을 광
3画 · 广部

guǎng 폭, 넓다
广播 guǎngbō 방송(하다) / 广告 guǎnggào 광고(하다), 선전(하다)

广 广 广

果
열매 과
8画 · 木部

guǒ 과일, 결과
果然 guǒrán 과연, 만약 ~한다면 / 苹果 píngguǒ 사과

果 果 果 果 果 果 果 果

海
바다 해
10画 · 氵部

hǎi 바다
海边 hǎibiān 해변 / 海关 hǎiguān 세관

海 海 海 海 海 海 海 海 海 海

和
화목할 화
8画 · 禾部

hé ~와 함께, 평화롭다
和睦 hémù 화목하다, 사이가 좋다 / 和平 hépíng 평화, 순조롭다

和 和 和 和 和 和 和 和

护
(護)
지킬 호
7画 · 扌部

hù 호위하다, 보호하다
护照 hùzhào 여권 / 保护 bǎohù 보호하다

护 护 护 护 护 护 护

花
꽃 화
7画 · 艹部

huā 꽃, 소비하다
花生 huāshēng 땅콩 / 花费 huāfèi 소비하다, 소모하다, 쓰다

花花花花花花花花

华
(華)
빛날 화
6画 · 十部

huá 화려하다, 찬란하다
华贵 huáguì 화려하고 진귀하다 / 才华 cáihuá 뛰어난 재능

华华华华华华

化
화할 화
4画 · 亻部

huà 변하다, 용해하다
化妆 huàzhuāng 화장하다 / 现代化 xiàndàihuà 현대화

化化化化

换
바꿀 환
10画 · 扌部

huàn 교환하다, 바꾸다
换钱 huànqián 돈을 바꾸다, 환전하다 / 交换 jiāohuàn 교환(하다)

换换换换换换换换换

黄
누를 황
11画 · 黄部

huáng 노랗다, 속되다
黄色 huángsè 노란색, 퇴폐적인, 외설적인 / 黄油 huángyóu 버터

黄黄黄黄黄黄黄黄黄黄黄

活
살 활
9画 · 氵部

huó 살다
活动 huódòng 운동하다, 활동하다, 활약하다 / 生活 shēnghuó 생활하다

活活活活活活活活活

火
불 화
4画 · 火部

huǒ 불, 화재
火柴 huǒchái 성냥 / 火车 huǒchē 기차

火火火火

机
(機)
틀 기
6画 · 木部

jī 기계, 기회
机器 jīqì 기계, 기기 / 电视机 diànshìjī 텔레비전

机机机机机机

积
(積)
쌓을 적
10画 · 禾部

jī 쌓이다, 누적하다
积极 jījí 적극적이다, 열성적이다, 의욕적이다 / 积累 jīlěi 쌓이다, 누적하다

积积积积积积积积积积

级
(級)
등급 급
6画 · 纟部

jí 등급, 학년
级别 jíbié 등급, 직급, 등급의 구별 / 留级 liújí 유급하다, 낙제하다

级级级级级级

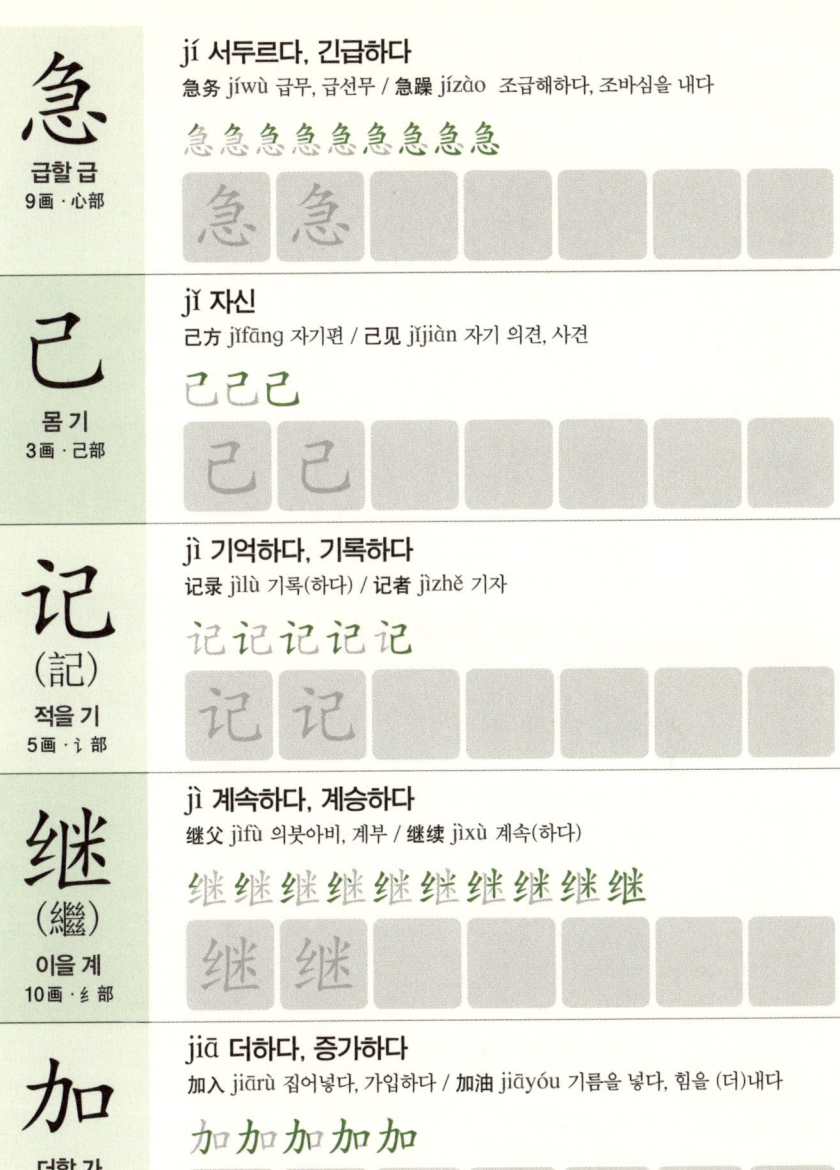

急
급할 급
9画·心部

jí 서두르다, 긴급하다
急务 jíwù 급무, 급선무 / **急躁** jízào 조급해하다, 조바심을 내다

急急急急急急急急急

己
몸 기
3画·己部

jǐ 자신
己方 jǐfāng 자기편 / 己见 jǐjiàn 자기 의견, 사견

己己己

记
(記)
적을 기
5画·讠部

jì 기억하다, 기록하다
记录 jìlù 기록(하다) / 记者 jìzhě 기자

记记记记记

继
(繼)
이을 계
10画·纟部

jì 계속하다, 계승하다
继父 jìfù 의붓아비, 계부 / 继续 jìxù 계속(하다)

继继继继继继继继继继

加
더할 가
5画·力部

jiā 더하다, 증가하다
加入 jiārù 집어넣다, 가입하다 / **加油** jiāyóu 기름을 넣다, 힘을 (더)내다

加加加加加

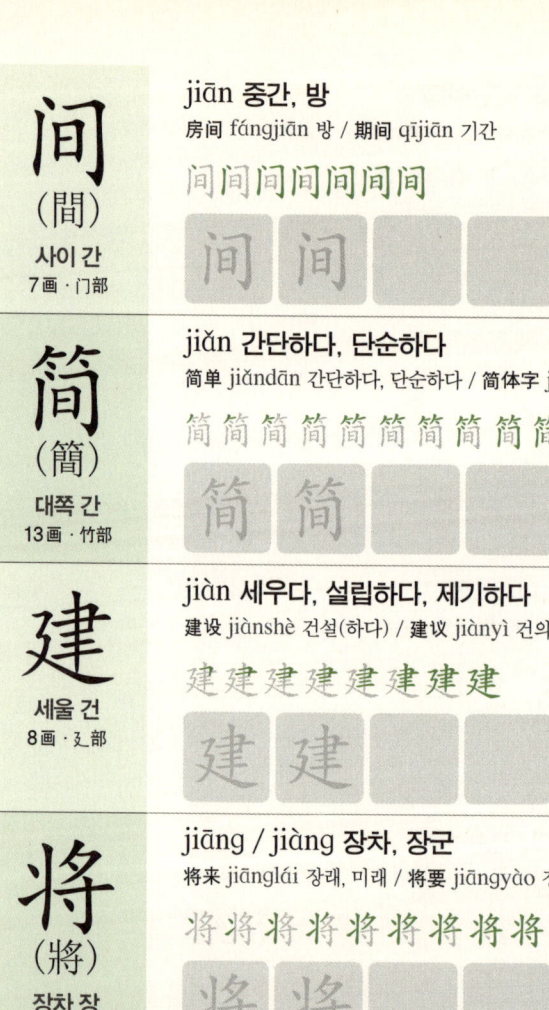

间 (間)
사이 간
7画·门部

jiān 중간, 방
房间 fángjiān 방 / 期间 qījiān 기간

间间间间间间间

简 (簡)
대쪽 간
13画·竹部

jiǎn 간단하다, 단순하다
简单 jiǎndān 간단하다, 단순하다 / 简体字 jiǎntǐzì 약자

简简简简简简简简简简简简简

建
세울 건
8画·廴部

jiàn 세우다, 설립하다, 제기하다
建设 jiànshè 건설(하다) / 建议 jiànyì 건의(하다)

建建建建建建建建

将 (將)
장차 장
9画·丬部

jiāng / jiàng 장차, 장군
将来 jiānglái 장래, 미래 / 将要 jiāngyào 장차 ~하려 하다

将将将将将将将将将

讲 (講)
이야기할 강
6画·讠部

jiǎng 말하다, 설명하다
讲课 jiǎngkè 강의하다 / 讲座 jiǎngzuò 강좌

讲讲讲讲讲讲

交
사귈 교
6画 · 亠部

jiāo 교차하다, 사귀다
交际 jiāojì 교제(하다) / 交通 jiāotōng 교통

交 交 交 交 交 交

交 交

较
(較)
견줄 교
10画 · 车部

jiào 비교하다, 겨루다
较著 jiàozhù 현저하다, 뚜렷하다 / 比较 bǐjiào 비교하다, 비교적

较 较 较 较 较 较 较 较 较 较

较 较

接
접할 접
11画 · 扌部

jiē 접수하다, 접촉하다
接触 jiēchù 닿다, 접촉(하다), 교제(하다) / 接待 jiēdài 접대(하다), 응대(하다)

接 接 接 接 接 接 接 接 接 接

接 接

解
풀 해
13画 · 角部

jiě 풀다, 이해하다
解决 jiějué 해결하다, (적을) 소멸시키다 / 理解 lǐjiě 이해(하다)

解 解 解 解 解 解 解 解 解 解

解 解

金
쇠 금
8画 · 金部

jīn 금, 돈
黄金 huángjīn 황금 / 奖学金 jiǎngxuéjīn 장학금

金 金 金 金 金 金 金 金

金 金

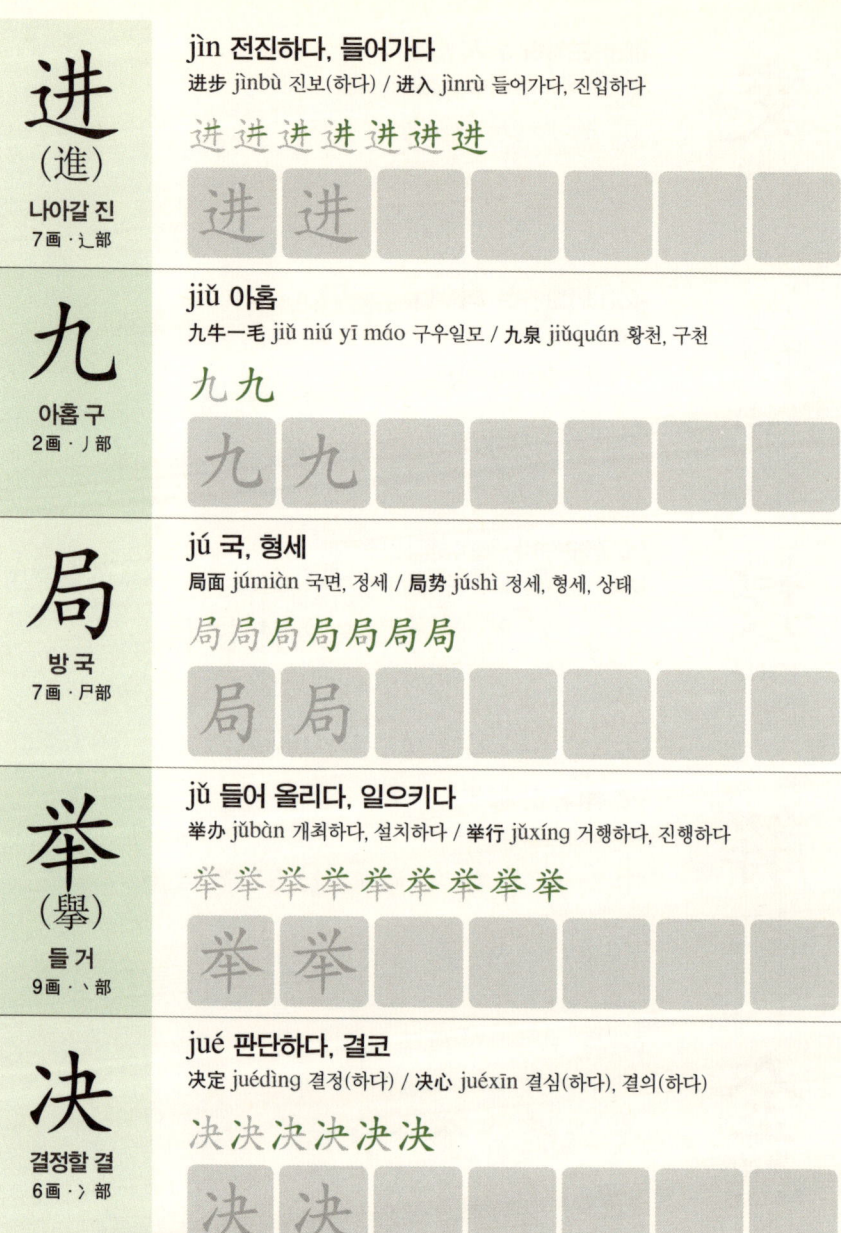

进 (進)
나아갈 진
7画 · 辶部

jìn 전진하다, 들어가다
进步 jìnbù 진보(하다) / 进入 jìnrù 들어가다, 진입하다

进 进 进 进 进 进 进

进 进

九
아홉 구
2画 · 丿部

jiǔ 아홉
九牛一毛 jiǔ niú yī máo 구우일모 / 九泉 jiǔquán 황천, 구천

九 九

九 九

局
방 국
7画 · 尸部

jú 국, 형세
局面 júmiàn 국면, 정세 / 局势 júshì 정세, 형세, 상태

局 局 局 局 局 局 局

局 局

举 (舉)
들 거
9画 · 丶部

jǔ 들어 올리다, 일으키다
举办 jǔbàn 개최하다, 설치하다 / 举行 jǔxíng 거행하다, 진행하다

举 举 举 举 举 举 举 举 举

举 举

决
결정할 결
6画 · 氵部

jué 판단하다, 결코
决定 juédìng 결정(하다) / 决心 juéxīn 결심(하다), 결의(하다)

决 决 决 决 决 决

决 决

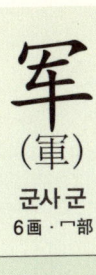

军
（軍）

군사 군
6画 · 冖部

jūn 군대, 군단

军队 jūnduì 군대 / 军人 jūnrén 군인

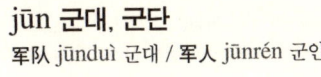

军军军军军军

军　军

科

조목 과
9画 · 禾部

kē 과(연구·업무 분야를 분류한 구분)

科目 kēmù 과목, 문제 / 科学 kēxué 과학(적이다)

科科科科科科科科科

科　科

客

손 객
9画 · 宀部

kè 손님, 고객

客气 kèqi 예의가 바르다, 정중하다, 겸손하다 / 客人 kèrén 손님

客客客客客客客客客

客　客

苦

쓸 고
8画 · 艹部

kǔ 쓰다, 힘들다

苦痛 kǔtòng 고통, 괴로움 / 吃苦 chīkǔ 고생하다, 고통을 참다

苦苦苦苦苦苦苦苦

苦　苦

况

모양 황
7画 · 冫部

kuàng 상황, 하물며

何况 hékuàng 하물며, 더군다나 / 情况 qíngkuàng 정황, 상황, 형편

况况况况况况况

况　况

劳 (勞) **일할 로** 7画 · 力部	**láo** 일하다, 피로하다, 공로 **劳驾** láojià 수고스럽지만, 죄송하지만 / **疲劳** píláo 지치다, 피로(해지다) 劳劳劳劳劳劳劳 劳 劳
离 (離) **떠날 리** 10画 · 亠部	**lí** 떨어지다, 헤어지다, ~에서 **离别** líbié 이별하다, 헤어지다 / **离开** líkāi 떠나다, 벗어나다, 헤어지다 离离离离离离离离离离 离 离
里 (*裏) **안 리** 7画 · 里部	**lǐ** 리(길이의 단위), 속, 안 **里头** lǐtou 안, 내부, 속, 안 / **公里** gōnglǐ 킬로미터 里里里里里里里 里 里
力 **힘 력** 2画 · 力部	**lì** 힘, 능력 **力量** lìliang 힘, 능력 / **力气** lìqi (육체적인) 힘, 체력 力力 力 力
立 **설 립** 5画 · 立部	**lì** 세우다, 설립하다, 당장, 즉시 **立场** lìchǎng 입장 / **立刻** lìkè 즉시, 곧, 당장 立立立立立 立 立

量

헤아릴 량
12画 · 里部

liáng / liàng (길이나 분량 등을) 재다, 용량

測量 cèliáng 측정(하다), 측량(하다) / 力量 lìliang 힘, 능력, 세력

了

(*瞭)

끝날 료
2画 · 乛部

liǎo / le 어기조사와 동태조사로 쓰임, 마치다, 끝내다, 명백하다

了不起 liǎobuqǐ 보통이 아니다, 뛰어나다 / 了解 liǎojiě 알다, 이해하다

零

영 령
13画 · 雨部

líng 영, 0

零件 língjiàn 부품, 부속품 / 零钱 língqián 적은 돈, 잔돈

律

법 률
9画 · 彳部

lǜ 법률, 규정

律师 lǜshī 변호사 / 法律 fǎlǜ 법률

论

(論)

논할 론
6画 · 讠部

lùn 토론하다

论争 lùnzhēng 논쟁, 논전 / 讨论 tǎolùn 토론(하다), 의논(하다)

马
(馬)
말 마
3画·马部

mǎ 말

马路 mǎlù 대로, 큰길 / 马上 mǎshàng 곧, 즉시

马马马

卖
(賣)
팔 매
8画·十部

mài 팔다

卖力气 màilìqi 전심전력하다, 있는 힘을 다하다 / 卖完 màiwán 매진되다

卖卖卖卖卖卖卖卖

满
(滿)
찰 만
13画·氵部

mǎn 가득하다, 만족하다

满足 mǎnzú 만족하다, 충분하다 / 满座 mǎnzuò 만원이 되다

满满满满满满满满满满满满满

门
(門)
문 문
3画·门部

mén 문

门口 ménkǒu 입구, 현관 / 出门 chūmén 외출하다

门门门

密
빽빽할 밀
11画·宀部

mì 빽빽하다, (거리·시간·관계 등이) 가깝다

密度 mìdù 밀도 / 密切 mìqiè (관계가) 밀접하다, 긴밀하다

密密密密密密密密密密密

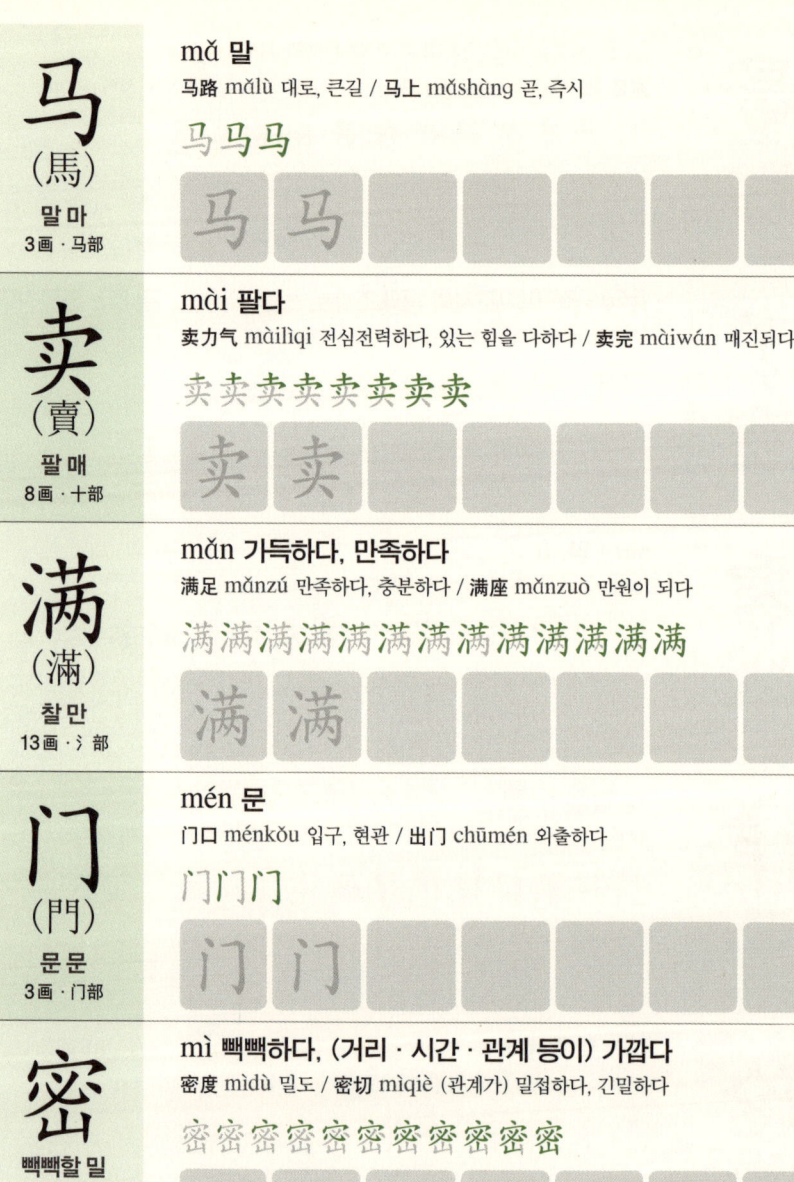

民 백성 민
5画 · 氏部

mín 국민, 대중
国民 guómín 국민 / 民间文学 mínjiān wénxué 민간 문학

民民民民民

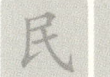

南 남녘 남
9画 · 十部

nán 남쪽
南边 nánbiān 남쪽 / 南方 nánfāng 남쪽, 남방

南南南南南南南南南

内 안 내
4画 · 冂部

nèi 안쪽
内部 nèibù 내부 / 内容 nèiróng 내용

内内内内

能 능할 능
10画 · 厶部

néng 능력, 재간, ~할 수 있다
能干 nénggàn 유능하다, 재능 있다 / 能力 nénglì 능력, 역량

能能能能能能能能能能

念 생각할 념
8画 · 心部

niàn 그리워하다, 낭송하다
念记 niànjì 염려하다, 늘 걱정하다 / 念书 niànshū 책을 읽다, 독서하다

念念念念念念念念

念念

努
힘쓸 노
7画·力部

nǔ 힘쓰다, 노력하다

努力 nǔlì 노력하다 / 努嘴 nǔzuǐ (화가 나서) 입을 삐죽거리다

努 努

女
계집 녀
3画·女部

nǚ 여자, 딸

女孩儿 nǚháir 여자아이 / 女生 nǚshēng 여학생

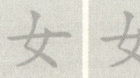  

女 女

派
물갈래 파
9画·氵部

pài 유파, 파견하다

派遣 pàiqiǎn 보내다, 파견하다 / 流派 liúpài 파별, 유파

派 派

判
판가름할 판
7画·刂部

pàn 식별하다, 판결하다

判断 pànduàn 판단(하다), 판정(하다) / 裁判 cáipàn 재판(하다), 심판(하다)

判 判

陪
모실 배
10画·左阝部

péi 동반하다

陪伴 péibàn 동행하다, 수행하다 / 陪送 péisòng 전송하다, 바래다주다

陪 陪

朋
벗 붕
8画 · 月部

péng 벗, 친구
朋友 péngyou 친구

朋 朋 朋 朋 朋 朋 朋 朋

朋 朋

碰
부딪힐 병
13画 · 石部

pèng 부딪치다, 만나다
碰巧 pèngqiǎo 때마침, 공교롭게도 / 碰机会 pèng jīhuì 기회를 만나다

碰 碰 碰 碰 碰 碰 碰 碰 碰 碰 碰 碰 碰

碰 碰

票
쪽지 표
11画 · 襾部

piào 표
票价 piàojià 표값 / 车票 chēpiào 차표

票 票 票 票 票 票 票 票 票 票 票

票 票

品
물건 품
9画 · 口部

pǐn 물건, 품평하다
品茶 pǐnchá 차의 맛을 보다 / 商品 shāngpǐn 상품

品 品 品 品 品 品 品 品 品

品 品

其
그 기
8画 · 八部

qí 그
其实 qíshí 사실은, 실제로는 / 其他 qítā 기타, 그 외

其 其 其 其 其 其 其 其

其 其

器
그릇 기
16画 · 口部

qì 그릇, 기구, (신체의) 기관

器材 qìcái 기재, 기구, 기자재 / 器官 qìguān (생물의) 기관

器 器

强
굳셀 강
12画 · 弓部

qiáng 강하다, 우월하다

强大 qiángdà 강대하다 / 富强 fùqiáng 부강하다

强 强

亲
(親)
친할 친
9画 · 立部

qīn 사이가 좋다, 혈육 관계

亲爱 qīn'ài 친애하는, 사랑하는 / 亲手 qīnshǒu 손수, 자기 손으로

亲 亲 亲 亲 亲 亲 亲 亲 亲

亲 亲

轻
(輕)
가벼울 경
9画 · 车部

qīng 가볍다

轻快 qīngkuài 가뿐하다, 경쾌하다 / 轻松 qīngsōng 수월하다, 가볍다

轻 轻

情
뜻 정
11画 · 忄部

qíng 감정, 상황

情调 qíngdiào 정서, 기분, 분위기 / 情况 qíngkuàng 상황, 형편

情 情 情 情 情 情 情 情 情 情

情 情

求
구할 구
7画 · 水部

qiú 구하다, 요구하다

求得 qiúdé 구하다, 요구가 실현되다 / 要求 yāoqiú 요구하다

取
취할 취
8画 · 耳部

qǔ 취하다, 얻다

取得 qǔdé 얻어 내다, 취득하다 / 取名 qǔmíng 명성을 얻다, 이름을 떨치다

趣
흥미 취
15画 · 走部

qù 재미, 흥미, 흥취, 재미있다

趣味 qùwèi 재미 / 兴趣 xìngqù 흥미, 취미

劝
(勸)
권할 권
4画 · 力部

quàn 타이르다

劝导 quàndǎo 타일러 이끌다, 권유하다 / 劝告 quàngào 권고(하다), 충고(하다)

让
(讓)
사양할 양
5画 · 讠部

ràng 양보하다, ~하게 하다

让步 ràngbù 양보(하다) / 让开 ràngkāi 길을 비키다, 물러서다

热 (熱)
더울 열
10画 · 灬部

rè 덥다

热闹 rènao 번화하다, 떠들썩하다 / 热狗 règǒu 핫도그

热热热热热热热热热热

容
얼굴 용
10画 · 宀部

róng 얼굴, 수용하다

容貌 róngmào 용모, 생김새 / 容易 róngyì 쉽다, 용이하다

容容容容容容容容容容

肉
고기 육
6画 · 肉部

ròu 고기

猪肉 zhūròu 돼지고기 / 果肉 guǒròu 과육

肉肉肉肉肉肉

入
들 입
2画 · 入部

rù 들어가다

入口 rùkǒu 입구 / 入学 rùxué 입학(하다)

入入

散
흩어질 산
12画 · 攵部

sàn / sǎn 흩어지다, 분산하다, 느슨해지다

散步 sànbù 거닐다, 산보하다 / 散漫 sǎnmàn 흩어져 있다, 산만하다

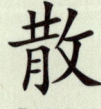 散散散散散散散散散散散散

神
귀신 신
9画 · 礻部

shén 신
神仙 shénxiān 신선 / 神医 shényī 명의

神神神神神神神神神

生
날 생
5画 · 生部

shēng 낳다, 성장하다
生产 shēngchǎn 생산(하다) / 生长 shēngzhǎng 성장하다

生生生生生

声
(聲)
소리 성
7画 · 士部

shēng 소리
声调 shēngdiào 성조 / 名声 míngshēng 명성

声声声声声声声

失
잃을 실
5画 · 大部

shī 잃다
失望 shīwàng 실망(하다) / 丢失 diūshī 잃어버리다

失失失失失

实
(實)
열매 실
8画 · 宀部

shí 충만하다, 진실하다
实际 shíjì 실제로 / 实在 shízài 실재하다, 사실이다

实实实实实实实实

食
먹을 식
9画·食部

shí 먹다, 음식
食品 shípǐn 식품 / 偏食 piānshí 편식

食食食食食食食食食

使
부릴 사
8画·亻部

shǐ 시키다, 쓰다
使劲 shǐjìn 힘을 쓰다 / 使用 shǐyòng 사용하다

使使使使使使使

示
보일 시
5画·示部

shì 나타내다
表示 biǎoshì 표시하다, 뜻을 밝히다 / 暗示 ànshì 암시하다

示示示示示

室
집 실
9画·宀部

shì 방
室外 shìwài 실외 / 教室 jiàoshì 교실

室室室室室室室室室

水
물 수
4画·水部

shuǐ 물
开水 kāishuǐ 끓인 물 / 水果 shuǐguǒ 과일

水水水水

顺
(順)

순할 순
9획·页部

shùn ~을 따라, 순종하다
顺便 shùnbiàn ~하는 김에 / 顺从 shùncóng 순종하다

顺 顺 顺 顺 顺 顺 顺 顺 顺

 顺

说
(說)

말씀 설
9획·讠部

shuō / shuì 말하다
说明 shuōmíng 설명하다 / 说话 shuōhuà 말하다, 이야기하다

说 说 说 说 说 说 说 说 说

 说

送

보낼 송
9획·辶部

sòng 보내다
送别 sòngbié 배웅하다, 송별하다 / 送礼 sònglǐ 선물을 보내다

送 送 送 送 送 送 送 送 送

 送

速

빠를 속
10획·辶部

sù 빠르다
速度 sùdù 속도 / 迅速 xùnsù 신속하다, 재빠르다

速 速 速 速 速 速 速 速 速 速

 速

虽
(雖)

비록 수
9획·口部

suī 비록
虽然 suīrán 비록 ~일지라도 / 虽说 suīshuō ~라고는 하지만

虽 虽 虽 虽 虽 虽 虽 虽 虽

 虽

187

所
바 소
8画 · 斤部

suǒ 곳, 장소

研究所 yánjiūsuǒ 연구소 / 所以 suǒyǐ 그래서

所 所 所 所 所 所 所 所

所 所

谈 (談)
이야기 담
10画 · 讠部

tán 이야기, 말하다

谈话 tánhuà 이야기하다, 말하다 / 交谈 jiāotán 이야기를 나누다

谈 谈 谈 谈 谈 谈 谈 谈 谈 谈

谈 谈

题 (題)
표제 제
15画 · 页部

tí 문제, 제목

题目 tímù 제목 / 问题 wèntí 문제

题 题 题 题 题 题 题 题 题 题 题 题 题 题 题

题 题

条 (條)
가지 조
7画 · 木部

tiáo 가늘고 긴 것, 조항

条件 tiáojiàn 조건 / 条约 tiáoyuē 조약

条 条 条 条 条 条 条

条 条

头 (頭)
머리 두
5画 · 大部

tóu / tou 머리, 명사의 뒤에 쓰임

头发 tóufa 두발, 머리털 / 头疼 tóuténg 머리가 아프다

头 头 头 头 头

头 头

图 (圖)
그림 도
8画 · 口部

tú 그림, 꾸미다
图画 túhuà 그림, 회화 / 企图 qǐtú 기도(하다)

图图图图图图图图图

土
흙 토
3画 · 土部

tǔ 흙, 토착의
土地 tǔdì 토지, 땅 / 土产品 tǔchǎnpǐn 토산품

土土土

外
밖 외
5画 · 夕部

wài 바깥, 이외의
外部 wàibù 외부, 바깥, 표면 / 外号 wàihào 별명

外外外外外

万 (萬)
일만 만
3画 · 一部

wàn 만, 매우 많다
万分 wànfēn 매우, 대단히 / 万一 wànyī 만일

万万万

往
갈 왕
8画 · 彳部

wǎng 가다, 이전의
往返 wǎngfǎn 왕복하다, 오가다 / 往来 wǎnglái 왕래하다, 오가다

往往往往往往往往

忘
잊을 망
7画 · 心部

wàng 잊다

忘不了 wàngbuliǎo 잊을 수 없다 / 忘掉 wàngdiào 잊어버리다, 망각하다

忘忘忘忘忘忘忘

望
바라볼 망
11画 · 王部

wàng 바라보다, 희망하다

失望 shīwàng 실망하다 / 希望 xīwàng 희망(하다), 바라다

望望望望望望望望望望望

位
자리 위
7画 · 亻部

wèi 위치, 지위

位置 wèizhì 위치, 장소, 지위 / 座位 zuòwèi 좌석

位位位位位位位

闻
(聞)
들을 문
9画 · 门部

wén 듣다

闻名 wénmíng 이름나다, 명성이 높다 / 新闻 xīnwén 뉴스

闻闻闻闻闻闻闻闻闻

屋
집 옥
9画 · 尸部

wū 집, 방

屋子 wūzi 방 / 房屋 fángwū 가옥, 집

屋屋屋屋屋屋屋屋屋

无
(無)
없을 무
4画 · 无部

wú 없다, ~을 막론하고

无论 wúlùn ~에도 불구하고 / 无所谓 wúsuǒwèi 관계없다, 아랑곳하지 않다

无无无无

物
물건 물
8画 · 牛部

wù 물건

物品 wùpǐn 물건, 물품 / 物质 wùzhì 물질

物物物物物物物物

西
서녘 서
6画 · 覀部

xī 서쪽

西风 xīfēng 서풍 / 西瓜 xīguā 수박

西西西西西西

习
(習)
익힐 습
3画 · 习部

xí 배우다, 익히다, 습관

习俗 xísú 습관과 풍속 / 学习 xuéxí 공부하다

习习习

洗
씻을 세
9画 · 氵部

xǐ 씻다

洗脸 xǐliǎn 세수하다, 얼굴을 씻다 / 洗澡 xǐzǎo 샤워하다

洗洗洗洗洗洗洗洗洗

现 (現)
나타날 현
8画 · 王部

xiàn 지금, 드러나다
现存 xiàncún 현존하다 / 现代 xiàndài 현대

现 现 现 现 现 现 现 现

现 现

线 (綫)
실 선
8画 · 纟部

xiàn 줄, 경계선
光线 guāngxiàn 광선 / 路线 lùxiàn 노선

线 线 线 线 线 线 线 线

线 线

项 (項)
목덜미 항
9画 · 工部

xiàng 목, 항목
项链 xiàngliàn 목걸이 / 项目 xiàngmù 항목, 사항

项 项 项 项 项 项 项 项 项

项 项

小
작을 소
3画 · 小部

xiǎo 작다, 어린아이, 깔보다, 조금
小看 xiǎokàn 얕보다, 경시하다 / 小孩儿 xiǎoháir 어린아이

小 小 小

小 小

校
학교 교
10画 · 木部

xiào 학교
学校 xuéxiào 학교 / 校园 xiàoyuán 캠퍼스

校 校 校 校 校 校 校 校 校 校

校 校

笑
웃을 소
10画 · 竹部

xiào 웃다
笑话 xiàohua 우스갯소리, 비웃다, 조롱하다 / 笑声 xiàoshēng 웃음소리

笑笑笑笑笑笑笑笑笑笑

些
적을 사
8画 · 止部

xiē 약간
一些 yìxiē 약간, 조금, 얼마간의 / 有些 yǒuxiē 어떤, 일부분의

些些些些些些些些

写
(寫)
본뜰 사
5画 · 冖部

xiě 글자를 쓰다
写字 xiězì 글자를 쓰다 / 听写 tīngxiě 받아쓰다

写写写写写

心
마음 심
4画 · 心部

xīn 마음
心中 xīnzhōng 마음속, 심중 / 心痛 xīntòng 가슴이 아프다

心心心心

新
새로울 신
13画 · 斤部

xīn 새롭다
新鲜 xīnxiān 신선하다, (사물이) 새롭다 / 新兴 xīnxīng 새로 일어난, 신흥의

新新新新新新新新新新新新

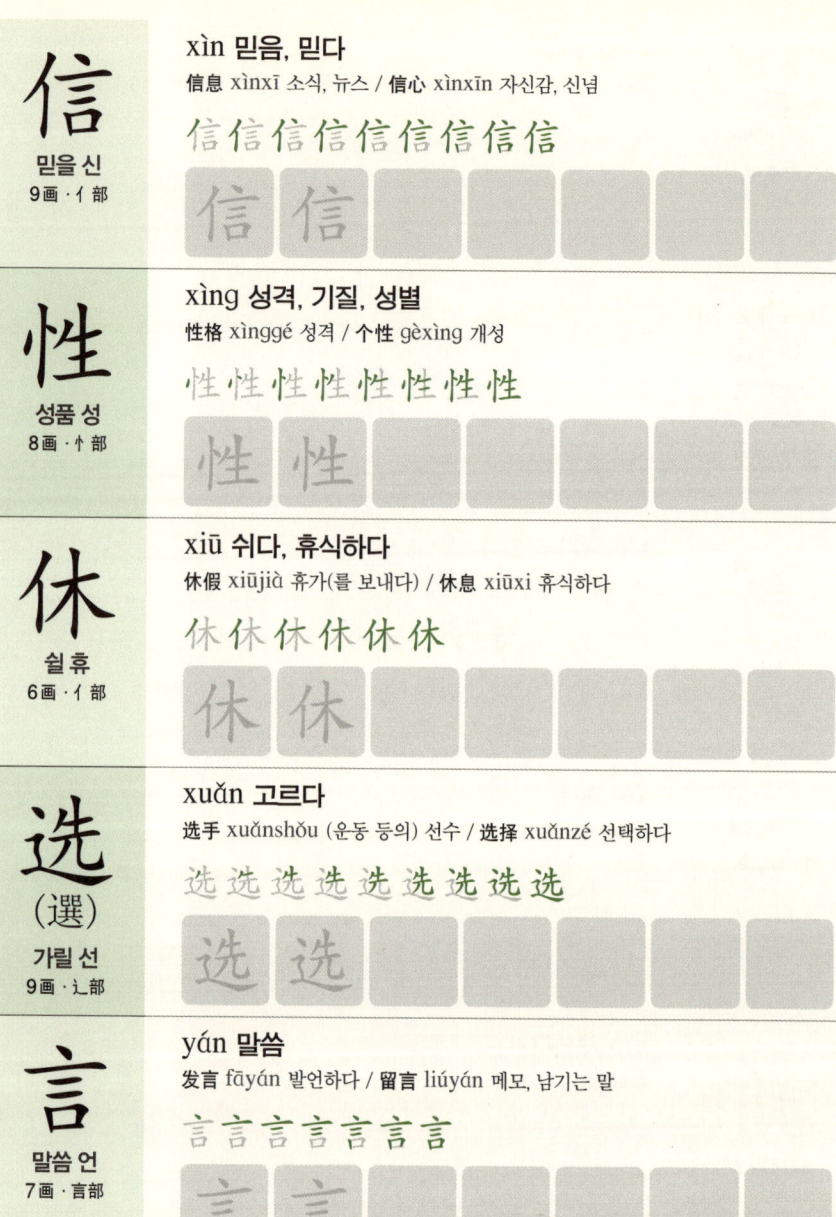

信
믿을 신
9画·亻部

xìn 믿음, 믿다
信息 xìnxī 소식, 뉴스 / 信心 xìnxīn 자신감, 신념

信信信信信信信信信

性
성품 성
8画·忄部

xìng 성격, 기질, 성별
性格 xìnggé 성격 / 个性 gèxìng 개성

性性性性性性性性

休
쉴 휴
6画·亻部

xiū 쉬다, 휴식하다
休假 xiūjià 휴가(를 내다) / 休息 xiūxi 휴식하다

休休休休休休

选
(選)
가릴 선
9画·辶部

xuǎn 고르다
选手 xuǎnshǒu (운동 등의) 선수 / 选择 xuǎnzé 선택하다

选选选选选选选选选

言
말씀 언
7画·言部

yán 말씀
发言 fāyán 발언하다 / 留言 liúyán 메모, 남기는 말

言言言言言言言

眼
눈 안
11画 · 目部

yǎn 눈
眼镜 yǎnjìng 안경 / 眼前 yǎnqián 눈앞, 현재, 목전

眼 眼 眼 眼 眼 眼 眼 眼 眼 眼 眼

眼 眼

阳
(陽)
별 양
6画 · 左阝部

yáng 해, 태양
阳伞 yángsǎn 양산 / 太阳 tàiyáng 태양

阳 阳 阳 阳 阳 阳

阳 阳

要
구할 요
9画 · 襾部

yào / yāo 필요하다, 요구하다
需要 xūyào 요구(되다), 필요(로 하다) / 要求 yāoqiú 요구(하다)

要 要 要 要 要 要 要 要 要

要 要

也
어조사 야
3画 · 乙部

yě 역시, 또한
也好 yě hǎo ~해도 좋다, ~해도 나쁘지 않다 / 也许 yěxǔ 아마도

也 也 也

也 也

业
(業)
업 업
5画 · 业部

yè 일, 직업
行业 hángyè 직종, 직업 / 作业 zuòyè 숙제, 과제

业 业 业 业 业

业 业

义 (義)
뜻 의
3画 · 丶部

yì 의리, 뜻
义务 yìwù 의무 / 含义 hányì 내포된 뜻

义 义 义

易
쉬울 이
8画 · 日部

yì 쉽다, 교환하다
贸易 màoyì 무역(하다) / 容易 róngyì 쉽다, 용이하다

易 易 易 易 易 易 易 易

因
인할 인
6画 · 口部

yīn ~때문에, 원인
因此 yīncǐ 그래서 / 因为 yīnwèi 왜냐하면

因 因 因 因 因 因

音
소리 음
9画 · 音部

yīn 소리
音乐 yīnyuè 음악 / 音节 yīnjié 음절

音 音 音 音 音 音 音 音 音

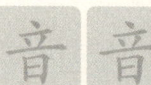  

应 (應)
대답할 응
7画 · 广部

yīng / yìng 마땅히 ~해야 한다, 응답하다
应该 yīnggāi 마땅히 ~해야 한다 / 应答 yìngdá 응답(하다), 대답(하다)

应 应 应 应 应 应 应

鱼 (魚) 고기 어 8画 · 鱼部	**yú 고기** 金鱼 jīnyú 금붕어 / 鱼尾 yúwěi 물고기 꼬리 鱼鱼鱼鱼鱼鱼鱼鱼 鱼　鱼
与 (與) 줄 여 3画 · 一部	**yǔ / yù 주다, ~와, 참가하다** 与其 yǔqí ~하기보다는, ~하느니 차라리 / 参与 cānyù 참여하다 与与与 与　与
雨 비 우 8画 · 雨部	**yǔ 비** 雨伞 yǔsǎn 우산 / 大雨 dàyǔ 큰비, 호우 雨雨雨雨雨雨雨雨 雨　雨
员 (員) 인원 원 7画 · 口部	**yuán 구성원, 어떤 분야에 종사하는 사람** 服务员 fúwùyuán (서비스업의) 종업원 / 职员 zhíyuán 직원 员员员员员员员 员　员
远 (遠) 멀 원 7画 · 辶部	**yuǎn 멀다, 오래다** 远大 yuǎndà 원대하다 / 远古 yuǎngǔ 먼 옛날, 아득한 옛날 远远远远远远远 远　远

约 (約)

묶을 약
6画 · 纟部

yuē 약속하다, 절약하다

约会 yuēhuì 만날 약속(을 하다) / 节约 jiéyuē 절약하다

约约约约约约

约 约

造

지을 조
10画 · 辶部

zào 만들다

造句 zàojù 글을 짓다 / 造作 zàozuò 만들다, 제조하다

造造造造造造造造造造

造 造

站

우두커니 설 참
10画 · 立部

zhàn 서다, 멈추다

站住 zhànzhù 정지하다, 멈춰 서다 / 站台 zhàntái 플랫폼

站站站站站站站站站

站 站

者

놈 자
8画 · 日部

zhě ~하는 자

读者 dúzhě 독자 / 作者 zuòzhě 저자

者者者者者者者者

者 者

政

정사 정
9画 · 攵部

zhèng 정치

政策 zhèngcè 정책 / 政治 zhèngzhì 정치

政政政政政政政政政

政 政

知
알 지
8画·矢部

zhī 알다
知道 zhīdao 알다, 이해하다 / **知己** zhījǐ 절친한 친구, 지기

知 知 知 知 知 知 知 知

知　知

值
값 치
10画·亻部

zhí 가치, ~할 가치가 있다
值得 zhíde ~할 가치가 있다 / 价值 jiàzhí 가치

值 值 值 值 值 值 值 值 值 值

值　值

只
오로지 지
5画·口部

zhǐ 단지
只好 zhǐhǎo ~할 수밖에 없다, 부득불 / **只是** zhǐshì 단지 ~에 불과하다

只 只 只 只 只

只　只

志
뜻 지
7画·心部

zhì 뜻
志愿 zhìyuàn 자원하다, 지원하다 / 杂志 zázhì 잡지

志 志 志 志 志 志 志

志　志

质
(質)
바탕 질
8画·厂部

zhì 속성, 품질
质量 zhìliàng 질량, 품질 / 品质 pǐnzhì 품질

质 质 质 质 质 质 质 质

质　质

治
다스릴 치
8画 · 氵部

zhì 다스리다, 치료하다

治理 zhìlǐ 통치하다, 다스리다, 관리하다 / 治疗 zhìliáo 치료(하다)

治治治治治治治治

种
(種)
씨 종
9画 · 禾部

zhǒng / zhòng 씨앗, 심다

种类 zhǒnglèi 종류 / 种子 zhǒngzi 씨앗, 종자

种种种种种种种种种

主
주인 주
5画 · 王部

zhǔ 주인, 주관하다

主办 zhǔbàn 주최하다 / 主人 zhǔrén 주인

主主主主主

住
머무를 주
7画 · 亻部

zhù 살다, 거주하다, 머무르다

住宿 zhùsù 묵다, 숙박하다 / 住宅 zhùzhái (비교적 규모가 큰) 주택

住住住住住住住

专
(專)
오로지 전
4画 · 一部

zhuān 전문적이다, 전념하다, 오로지

专门 zhuānmén 전문(적으로) / 专一 zhuānyī 한결같다

专专专专

资(资)
재물 자
10画 · 贝部

zī 물자, 자격
资本 zīběn 자본 / 资格 zīgé 자격

资资资资资资资资资资

自
스스로 자
6画 · 自部

zì 자기, 자연히, ~에서
自己 zìjǐ 자기 / 自然 zìrán 자연

自自自自自自

足
발 족
7画 · 足部

zú 발, 다리, 충분하다
足球 zúqiú 축구 / 足够 zúgòu 충분하다, 족하다

足足足足足足足

族
겨레 족
11画 · 方部

zú 겨레, 무리
家族 jiāzú 가족 / 民族 mínzú 민족

族族族族族族族族族族族

坐
앉을 좌
7画 · 土部

zuò 앉다, 타다
坐车 zuòchē 차를 타다 / 坐位 zuòwèi 좌석

坐坐坐坐坐坐坐

세 번 쓰면
자동암기!
참 잘했어요